老派愛情物語

胡適、溥儀、孟小冬……
流傳在民初的風流韻事

金哲毅（金老ㄕ）——著

自序

我喜歡歷史，而在眾多歷史中，我尤其關注清末民初的中國。

多少會有人問我：「眾多歷史中，為何特別喜歡民國初年的中國現代史？」這次寫書期間，我曾翻閱眾多人物傳記，在褚問鵑的回憶錄《花落春猶在》中，找到一段讓我極為有共鳴的答案。

褚問鵑出生於一八九六年，那是大清光緒二十二年，她接受西式教育，還在抗戰期間擔任國民革命軍的機要祕書，被譽為軍中職位最高的女性，在當時絕對算得上風雲人物了。她在序言說：「我不幸，但也可以說是有幸，一來到這個世界上，就碰著新舊文化交替，和烽煙瀰漫的大時代。這時候，全中國的知識界正受到歐美傳來的新思想潮流的衝擊，舊的在沒落，新的又來不及成長。於是到處是崩潰的響聲和新生的呼喊。」（後面會看到褚問鵑與性學大師張競生極為濃烈的愛恨糾葛。）

當初看到這段話，我興奮到手舞足蹈，還嚇到圖書館的路人，「舊的仍未過去、新的仍未建立」，正是我對清末民初的感慨，這不是我這個後人的一己之見，而是褚問鵑這位當事人的同感！

正因新舊交替，清末民初既有混亂的衝突，也有多元觀點間的激盪，什麼都有，什麼都不奇怪，這個時代總能讓我找到有意思的案例，而且這些過往也很直接影響現今社會，在我們的生活中留下若有似無卻千絲萬縷的痕跡。

這次我選擇以「愛情」這個最為多變卻往往讓人著迷的主題做為切入點，透過一則則人物往事讓讀者能夠更了解百年前的社會，讓人看到不同時代的特色。或許我們無法理解，例如現在國中、小學生就有人談自由戀愛，但在十九世紀末，男女往往沒有戀愛基礎，甚至從未見過面，卻早早走入婚姻，這種時代特色，二十一世紀的後人著實難以深刻理解。但我們可以去認識，從而對不同的文化風俗多幾分同理心；但就算時代相隔甚遠、觀念差異甚大，有些人性卻亙古不變，可能在往事中，驚訝古人的心境與我們並無二致，從而得到被理解的支持。

最後，雖然本書帶有相當的八卦成分，但目的卻不是透過往事去批評前人。畢竟不同時代會產生不同格局，我們被時代所局限，但同時也被時代推動，最終在當下活出特定時代下的專屬特色。可正如成語「大同小異」，即便在共同的時代趨勢下，不同人的不同思路或出身背景的差異，往往讓個人做出不同選擇，最後形成不同結局。

歷史就是如此多變，所以我總能在其中找到樂趣。而如今讀者們也即將翻閱一段歷史，就在序言的最後，祝福大家，同樣在歷史中，找到屬於自己的樂趣和價值所在。

目次

權之章

文之章

武之章

藝之章

民之章

權之章

國父與國母「們」

孫文的感情人生

故事的開頭，讓我們先來看兩段對話：

對話一

犬養毅問：「孫先生才智過人，又重德行，真是令人佩服。但有一事不知肯賜教否？」

孫文說：「木翁吩咐，弟敢不從命！」

犬養毅問道：「請孫先生如實相告，你最喜歡的是何物？」

孫文說：「革命！」

犬養毅說：「君最熱愛革命，這是誰都知道的。但除革命之外，你最喜歡的是什麼呢？」

孫中山稍一思索後，答道：「woman（女人）！」

對話二

中山先生對競存（陳炯明）說笑：「我有兩種嗜好，而你只有一種。」

陳炯明說：「願聞其詳。」

中山答：「我好革命，又好女人！你只好革命而已。」

如果問孫文、孫逸仙、孫中山究竟是誰（插嘴一下，以上三個人名其實是同一個人喔），只要國中歷史沒有遺忘太多，應該都會說：「知道啊，中華民國國父嘛！」

有次課堂教學時，有學生問：「老師，既然有國父，那有沒有國母呀？」那次我的回答是：「當然有，還不只一個！」

畢竟從前面兩段對話，孫文可是相當坦蕩地表明自己的男人本色，所以孫文與眾多女性有著過從甚密的交往。面對一位終身都在鼓吹革命，且影響中國政壇劇烈的親密伴侶，不同女性展現各自不同的個性，使孫文對待她們的態度有所區別，並與這些展現各自特質的女性，譜出一幕幕不同的愛情合奏。

做為本書的開頭，不妨透過中國現代史上最知名的人物，見證男女感情在十九、二十世紀的交替之際，有什麼樣的時代特殊性，卻又有著跨越時代的共通性。

孫文與盧慕貞

孫文，號逸仙，生於一八六六年廣東省臨海的香山縣（今中山縣）。當時中國傳統文化仍具有龐大影響力，完全談不上「自由戀愛」，「父母之命，媒妁之言」才是婚姻的主旋律。孫文的第一段感情就是在此前提下開始——

一八八五年五月二十六日，十九歲的孫文奉父母之命和十八歲的盧慕貞結婚。

孫文對這樁親事相當不滿意，因為他數年前曾前往美國夏威夷協助大哥孫眉在當地的生意。在此之前，他是個連鞋子都沒穿過的鄉下窮小孩，但到了美國，真是眼界大開且極受震撼——西方社會居然如此進步開明?!與之相對，孫文覺得中國傳統社會的觀念簡直落後無知。

孫文對傳統的不屑，莫過於他在回國後鬧出的「北帝廟事件」。有次孫文路過村裡的北帝廟，北帝是指鎮守北方且主管江河海洋的真武大帝，是香山縣一帶相當重要的心靈寄託，甚至孫文小時候有一個乳名「帝象」，因為他老媽讓孫文認真武大帝為乾爹，以便保身心平安。但如今留洋歸來的孫文，只覺得這就是愚昧的迷信，於是他居然拿起小刀，直接把真武大帝雕像的小指砍下來！

孫文的家族合照，最後排右邊數來第四個是孫文，盧慕貞則是右邊數來第三個

此舉徹底激怒虔誠的村民，他們叫嚷著必須把孫文趕出村子，否則無法安撫神靈；孫爸爸眼看眾怒難犯，只能將兒子掃地出門。

孫文的行為看似莽撞，實則心思縝密，只因他本就不想留在故鄉，這才硬要闖禍，之後就能迫使父母讓自己離開，前往他所嚮往現代化都市——香港。

但「你有張良計，我有過牆梯」，孫文父母當然不想他就此在外遊蕩，於是想到的對策是——讓孫文結婚。有了家庭後，毛頭小子就會成為認分的大人。於是在孫家父母的主導下，便讓孫、盧兩人完婚。

沒有選擇權，是一種不自由；被迫回家，是另一種不自由。孫文與盧慕貞的婚姻開局就讓他相當不悅，而見到女方時，不悅感持續上升，因為她是標準的傳統女性，裹小腳、沒讀書、手腳殷勤卻鮮有主見……以上全是讓孫文鄙夷的元素。

於是結婚才兩個禮拜，孫文再次離家，往後雖然不時返鄉，但都不會久留，用實際行動表達對婚姻的不滿，並在更廣大的世界中抓取他所需要的感情慰藉。

孫文與陳粹芬

遠離家鄉的孫文，到香港就讀教會書院。在此，孫文邂逅了生命中的第二位女性。一八九一年的某一天，孫文的朋友陳少白說：「我介紹個人給你認識。」於是二十五歲的孫文與十八歲的陳粹芬初次見面。

陳粹芬，原名香菱，又名瑞芬，出生於香港新界的屯門，因排行老四，旁人稱她為

陳粹芬

陳四姑。由於父母早亡加上家貧，她未能讀書，因而有人說她不識字，大家對她的印象是「身材適中，眉清目秀，吃苦耐勞，頗具賢德」。

按說陌生男女第一次見面，一般會先簡單自我介紹，接著客套幾句就好了。但孫文哪是一般人呢？他與陳粹芬第一次聊天就放話：「妳知道我的夢想嗎？就是當洪秀全第二！或是學習太平天國的石達開轉戰大江南北，然後有朝一日推翻腐敗的滿清！」

我的媽呀！香港當時雖然是英國殖民地，不歸中國管轄，可畢竟這裡生活的都是華人啊！才剛和別人見面，就表明自己意圖謀反，這是存心嚇死人嗎？無怪乎當時人們給予孫文「四大寇」的封號，當真草莽味十足！

聽到驚天言論的陳四姑，卻對孫文的主張連表認同。我們不妨以孫文的角度思考，平常自己發言，所有人都避之唯恐不及，但現在有個年輕女性居然對自己表達崇拜的敬意，當下心理滿足感簡直爆表呀！於是他們倆王八看綠豆，一見就對上眼了。

陳粹芬不但馬上聲稱立志追隨孫文革命，不久還與他在屯門附近的紅樓租屋而居。順帶一提，兩人同居的同時，孫文的夫人盧慕貞也在此時生下長子孫科。可見孫文應該是體力不差的時間管理大師，才能在兩位女性之間來去自如，可謂「做人」成功。

自從和孫文的關係迅速發展，陳粹芬的生活有很大一部分就投入另一半的事業——革命。孫文奔波到哪裡，陳粹芬就跟到哪裡去照料生活，同時還負責接待與孫文往來的革命黨人。

革命黨人馮自由在記錄大量革命事蹟的《革命逸史》中提到：「總理居日本及越南南洋時，陳夫人恆為往來同志洗衣供食，辛勤備至，同志咸稱其賢。」革命黨人劉成禺則題詩紀念：「望門投宿宅能之，亡命何曾見細兒；只有香菱賢國嫗，能飄白髮說微時。」

除了洗衣、做飯，人手忙不過來時，陳粹芬還會幫忙傳遞情報、聯絡同志、印製傳單，甚至偷運軍火！一九〇七年，革命黨發動鎮南關起義，這是孫文唯一一次親自上前線參與的革命戰爭，陳四姑也跟著孫文親上火線，並為奮戰的士兵送飯且從不言苦。

無怪乎日本人宮崎滔天對陳粹芬尤其佩服，他曾對妻子說：「照顧孫先生日常生活的那位中國婦女同志，真是女中豪傑！她那用長筷子、張著大眼睛、像男人吃飯，並有著宏亮聲音的樣子。妳應該向她看齊才對，革命家的女性只有這樣才能擔當大事！」

從以上事蹟，我們不難推斷，陳粹芬雖然不像受過西方教育的新時代女性那般時髦，卻也絕不像傳統女性過度退縮，她有著粗獷、爽快、辦事果斷的女中豪傑形象，對孫文又展現溫柔的賢妻風采；而當孫文想玩廣東天九牌時，陳粹芬還當他的忠實牌友，並幫忙找牌搭子，兩人相處充滿情趣，顯示陳粹芬真的是深具個人魅力的獨特女性。

與孫文無數次朝夕相處、出生入死，讓陳粹芬贏得孫家一致的敬重。一九一〇年十二月十日，孫文前往歐洲宣傳革命，曾在從埃及蘇伊士運河寫給女兒的家信中提到：「父今晚行到第四個埠，即蘇彝士運河（蘇伊士運河），再六日便到步矣，可告兩母親知之也。」「兩母親」就是指盧慕貞和陳粹芬，可見孫文承認陳粹芬是他的妾室。

孫文與陳粹芬

一九一二年末，孫文的兄長孫眉特別邀請陳粹芬到位於澳門的宅邸定居，可見孫家都認可她的名分。儘管此時革命成功，身為幕後功臣的陳粹芬卻依舊保持低調，從未主動邀功，而是繼續過著平淡如水的尋常生活。

孫文與淺田春

不知大家是否有注意到，居然有日本人留下陳粹芬的紀錄?!

其實這不奇怪，孫文很長一段時間都在日本活動，打從一八九五年底，孫文參與的興中會發動第一次廣州起義，結果因計畫洩漏，導致未能真正起事即宣告失敗，遭清政府通緝的孫文因此流亡於日本橫濱。此後近十年，日本成為孫文重要的革命基地，他在此籌款並連繫各方革命勢力，終於和華興會的黃興、光復會的陶成章，創立了最強大的革命組織——中國同盟會。這也是為何孫文會有日本友人，而隨侍在旁的陳粹芬也因此被日本人記錄。

不過孫文在日本的感情慰藉可不只陳粹芬一人，事實上，革命事業熱火朝天的同時，他的感情生活同樣活力十足。

一八九七年，孫文居住在橫濱華僑溫炳臣先生的家中。為了照料孫文的生活，有一位日本女性被找來擔任孫文的女傭——十五歲的淺田春。

淺田春，一八八二年生於日本靜岡縣駿東郡清水町。在西木正明所著的《孫文的女人》中，這麼描寫這位年輕女傭：「圓臉兒、濃眉、鼻梁挺秀，性情溫順早熟（並通曉英文），從外表到人品，都是男人很容易喜歡上的那種類型。」但很可惜的是，這位女性沒有流傳下來的照片，以至於後人難以一窺這位「大和撫子」的魅力。

日本外務省的檔案中，稱呼淺田春是孫文的「妾」，並留下兩人互動的紀錄：

「孫逸仙（三十四歲）與跟隨者溫炳臣（三十八歲）及淺田春（十八歲，孫逸仙之妾）於昨日下午六時三十分自橫濱乘坐開往神戶方向的火車，途徑西京來神奈川，是日宿市內相生町三丁目加藤的旅館。」

「今日傍晚孫陪同其妾淺田春赴相生座觀戲，不久返回住地，用罷晚餐復又觀戲，除此之外再不曾外出，亦無他人造訪。」

「孫逸仙（化名中山二郎）與其妾淺田春一起，於昨日上午十一時十四分乘列車自橫濱抵達神戶，宿於榮町三丁目西村旅館。」

其實我懷疑日本人搞錯淺田春的定位，說她是「妾」，我卻以為孫文可能只是「收用」了淺田春。

這時要解釋中國傳統的婚姻制度，許多人聽過「三妻四妾」，但真正的傳統中國婚姻其實是「一妻多妾」。

《大清律例．戶律》第一〇三條：「若有妻更娶妻者亦杖九十。」（如果男人已娶妻，卻又娶第二個妻子，杖刑九十下。）很明確地規定男人在一般情況下只能娶一個妻子。

但為了傳宗接代，男子還可以娶多名妾室，妾的地位比妻低，另一部分內容強調：「凡以妻為妾者杖一百。」妻子不只受到法律保障，她的後代也擁有優先繼承權，就是歷史上的專有名詞——嫡出（以皇室為例，只有皇后的兒子才有繼承帝位的權利，這也是為何那麼多宮廷劇都會描繪眾多後宮女子為取得皇后的名分而明爭暗鬥），甚至死後還能享受與丈夫同穴並有牌位進入宗祠的特權。儘管如此，妾的後代，就是「庶出」兒女，依然屬於家庭的一分子，能夠繼承部分產業並供養生母，這對不能外出工作、鮮有經濟獨立能力的中國傳統婦女來說，是後半生非常重要的倚靠（所以才有句話叫「養兒防老」）。

無論是妻或妾，她們都有法律保障，且被家族承認名分。但還有一種人雖是男方的親密伴侶，但沒有名分，因此只要男方過世，她們將立刻失去庇護，同時不被法律保護——就是受到男主人特別關照的丫鬟。

中國著名小說《金瓶梅》的書名由來，說法之一是從書中三位女角——潘金蓮、李瓶兒、龐春梅，各取一字而成。其中潘金蓮、李瓶兒是西門慶的妾，龐春梅是丫鬟，因美貌而與西門慶發生關係，所以在眾多丫鬟中有高人一等的地位，這就是「收用」的著名例子。

從孫文日後並未承認或澄清與淺田春的關係，孫家也沒有將她的名字謄錄在族譜，顯示淺田春沒有獲得中國傳統女性非常重視的名分。但從孫文不時帶她出入公眾場合，顯示淺田春頗獲孫文喜愛。

一九〇二年，日本政府留下一條紀錄：「明治三十五年七月九日，兵庫縣縣知事報告稱，『據宮崎所言，孫逸仙因近日其妾去世頗為憂鬱……』」

淺田春香消玉殞的那年才二十歲，面對一個緊緊陪伴自己的年輕生命就此逝去，只要是男人應該都會感到傷心遺憾吧！因此，孫文的反應是……馬上迎接另一樁婚姻?!

孫文與大月薰

曾多次採訪孫文的澳洲記者威廉・亨利・端納（William Henry Donald），對他有這麼一個回憶：「這個老男孩就是無法把手從女人身上拿開。」

正因孫文如此精力充沛，有關他在日本與多名女子邂逅的傳聞也不少，雖然很多傳聞可信度有待商榷，但他還真的曾與一名日本女子有貨真價實的婚姻關係！

這名女子名為大月薰，一八八八年出生。十一歲時因家裡發生火災，導致住處付之一炬，所以全家寄住在橫濱山下町一百二十一番號的二樓。

約十二歲的大月薰

有一天，大月薰不小心打碎家中花瓶，水順勢流到樓下住客的房裡，樓下住客便找人上樓詢問狀況。大月薰的父親大月素堂對女兒說：「小薰，去和樓下的先生道歉吧。」於是大月薰下樓見到那位住客，就是孫文。

可惜沒有詳細且可靠的紀錄表示兩人有多少相處機會，不過就在淺田春去世的一九〇二年夏天，孫文向大月薰的父親提親，可見他相當關注大月薰。

當時孫文三十七歲，女方還在就讀橫濱高等女子學校三年級，雙方年齡差距二十二歲之多（一想到孫文這些年對大月薰的關注……實在有點一言難盡），大月素堂先以女兒年幼為由拒絕，但孫文憑藉卓越的口才及遠超常人的魅力，最終獲得大月素堂的首肯，最終於一九〇三年八月一日在橫濱淺間神社結婚。

八月到十月的新婚時光，應該是大月薰人生中最愉快的日子。可以的話，她想一輩子過著早上為孫文煮飯並送他出行，晚上好好服侍丈夫的人妻生活。可惜致力於革命的孫文，無法長久待在兩人共築的愛巢。

十月七日，孫文再次離開日本，大月薰本以為她的郎君忙碌一段時間後就會返回日本。此時的她不只懷著「小別勝新婚」的思念及期待，更愉悅地發現自己即將邁入人生另一個階段。十一月二日，她請溫炳臣代筆，向孫文寄出一封家書：

「拜啟。您好嗎？我一切安好。今致函有一事相告：我懷孕了，預產期是明年五月！知道您很忙，但我還是期望著您能夠在那時候回來。這邊有父母代勞一切，不用記掛，只望您回信。敬具。薰。」

日子一天天過去，大月薰卻沒有等到孫文的回信。期間，大月薰順利產下兩人的女兒，大月薰的父親為孫女取名為文子。一家人忙著照料新生嬰孩的同時，更期盼著孫文歸國，好能享受團圓的人倫之樂。

孫文最初還會寄些錢回去，但之後卻像斷線的風箏般毫無音訊。熱切的期待逐漸變為冷酷的殘念，大月薰的父親不得不接受一個沉痛的事實。有天，他走到初為人母的大月薰面前，那時的小薰或許正忙著哄尚在襁褓中的女兒，卻聽父親用難以壓抑的失落聲說道：「薰，妳的女兒……以後改個名字吧？」

大月薰的心涼了……她懂父親這句話的意思，但她真的不想接受事實——自己和女兒被孫文拋棄了！否則為何孫文非但沒有回來，連信都沒寄一封？曾經的山盟海誓、曾經的新婚燕爾，如今竟成鏡花水月般的空虛。大月薰最終艱難地吐出一句話：「那就將她改名叫……富美子。」

婚姻破碎的大月薰，接下來還要面對煎熬的生活。由於家中經濟日漸困難，她只能將富美子寄託在橫濱保土谷區做酒業生意的宮川梅吉家當養女，並迫於生計而賣掉孫文送給她的訂婚戒指。這段異國之戀彷彿曇花一般，盛開一時，卻迅速凋謝……

孫文與宋慶齡

一九一一年，辛亥革命爆發；一九一二年，中華民國成立，孫文擔任臨時大總統，同年二月十二日，清帝退位，代表清朝滅亡，而孫文奮鬥許久的革命事業終於宣告成功。

從只能流亡國外的革命人士，瞬間變為國家元首，孫文的工作量自然暴增，急需助手為他打理諸多事務的細節。此時，孫文的死忠擁護者——宋嘉澍，決定出手相助。

別名宋查理的宋嘉澍是位基督教傳教士，曾捐出大筆資金資助孫文的革命。如今看到孫文業務繁重，立刻將自小留美的大女兒宋靄齡送去給孫文當祕書，可謂力挺孫文到底。

孫文的好日子沒有維持太久，首先，當年革命勢力雖然席捲中國，但清朝仍維持半壁江山，因為清朝擁有當時中國最強大的軍隊——北洋軍，領導者是前清朝重臣袁世凱，為了讓袁世凱支持革命，孫文曾表示只要清朝滅亡，就由袁世凱擔任新國家的元首，所以在清帝宣告退位後，他就辭去臨時大總統，告別短暫的領袖地位。

後來孫文指責袁世凱暗殺革命黨重要人士——宋教仁，並違法向外國借款，認為他背叛革命，所以宣布武力討伐袁世凱，史稱「二次革命」。結果袁世凱迅速擊敗孫文，導致孫文只能流亡日本。

要說宋嘉澍不愧為孫文鐵粉，即便孫文第N次輸到脫褲，他卻舉家搬到日本並賣掉部分財產繼續資助孫文。

一九一三年，有一位妙齡女子從美國抵達日本，她是宋家的二女兒宋慶齡，此次前來是為了和許久未見的父親及大姊相聚。當時二十歲出頭的宋慶齡，剛從美國歷史悠久的衛斯理安學院獲得文學系學士學位，而且她自幼就進入由洋人開辦的上海中西女塾就讀。無論是思想或作風，宋慶齡在當年都是極為亮眼的新時代女性。

一九二〇年在上海的宋慶齡

此時大姊宋靄齡仍擔任孫文的祕書，宋慶齡自然常見到從小就聽聞且被父親推崇至極的革命先行者孫文。根據日本外務省對孫文的監視報告指出，宋慶齡不只多次拜訪孫文的辦公室，甚至有一次在他患病時擔任看護，兩人關係迅速進展。

時間來到一九一四年，宋慶齡與孫文的關係發生變化，因為大姊宋靄齡要結婚，無法再擔任孫文的祕書。宋慶齡聽到消息後，積極爭取成為繼任者，父親宋查理樂見其成（但日後將會無比後悔做出這個決定），於是宋慶齡成為孫文的新任祕書。

當時宋慶齡曾寫信給還在美國念書的三妹宋美齡，部分內容為：「我從來沒有這樣快活過。我想，這類事情是我從小姑娘的時候就想做的。我真正接近革命運動的中心……（中略）……我能幫助中國，我也能幫助孫博士。他需要我。」顯示宋慶齡最初對孫文是敬仰，而這份敬仰則來自她相信孫文的革命事業將為中國社會帶來進步，但她沒有想到，在日常的相處中，專屬於戀人的愛慕之情也悄然萌生。

有關這時期孫文與宋慶齡的相處，宋慶齡摯友何香凝的女兒廖夢醒曾聽父母轉述一段趣聞。有次眾人一起去日本的熱海遊覽，大家一起爬山，年輕的宋慶齡最快到達山頂，孫文則緊隨其後，當廖夢醒的父親廖仲愷快抵達山頂時，孫文用手示意他別跟著，於是廖仲愷非常配合，叫其他人也別往上爬。於是孫文與宋慶齡有段不為人知的相處時光，過了良久，兩人才面露笑容地相偕下山，顯示他們變得更加親密。

終於在一九一五年六月，宋慶齡對孫文說：「有一件事我要曉得，你願不願和我永遠在一起？記得我小時候聽你講過：『要是我不為一件偉大的事業而生存，我的生命便毫無意義。』還是小女孩的我，就夢想著有一天能幫助幾百萬民眾，成為偉大事業的一分子。現在我要知道的只有一件事……要不要我做你的妻子，永遠幫你做革命工作？」

女性主動告白在當年是很勇敢的舉動，只有受西式教育薰陶的宋慶齡才會如此積極爭取自己的愛情。同時這似乎預告西洋文化逐漸壓倒中國原有的傳統。

我想孫文的答案絕對是肯定的。等到宋二小姐回到上海老家，她就對家人說：「我和孫先生希望能互相結合，這樣可以常常廝守在一起，我能幫他不少忙，而我的心也傾向革命了。他是一個善良而偉大的人物，我現在徵求你們同意我們的婚事，假如他知道我已經把這一件事說明後，他會馬上寫信來的。」

宋查理夫婦乍聽後當真是瞠目結舌，等到反應過來，宋查理的老婆倪桂珍的感覺應該是……天崩地裂！「慶齡！妳瘋了！妳簡直瘋了！孫先生，我們愛他、尊敬他，但他的年紀是妳的兩倍，又結過婚，而且還是一個革命者，我絕不會同意這件婚事！」

宋查理雖然相對冷靜，但想到自己的兄弟要變成女婿……他也絕不贊成這門親事。於是他喝令宋慶齡不准離家，希望大家都能從高昂的情緒中冷靜下來，說不定就大事化小、小事化無了。但後來的發展證明他錯了，他完全低估自己的女兒有多麼堅決。某一天晚上，被軟禁在上海家中的宋二小姐，竟然義無反顧地跳窗離家私奔。

宋家爆發家庭革命的同時，孫文也在家中掀起一場看似平靜的風暴。

宋慶齡和父親都是基督徒，主張一夫一妻制，孫文要與宋慶齡結婚，就必須先斬斷過往的婚姻關係。一九一五年三月，孫文寫信給盧慕貞，表示欲與宋慶齡結婚，希望兩人能夠離婚。

之所以說看似平靜的風暴，是因為儘管盧慕貞最初表示可以接納孫文多一門妾室，即便聽到孫文無法接受傳統婚姻的規矩後，她依舊非常平靜地答應孫文。畢竟她很清楚，別說英文，自己連中文都看不懂，甚至因纏足而不良於行，非但不能理解孫文，甚至無法成為他生活的助手，因此她表示：「孫先生為革命奔走海外，到處流浪，身心為之交瘁，既然現有人願意照料他的生活，我願意成全其美，與先生離婚。」

如果說對於盧慕貞是慎重其事，對於陳粹芬，孫文的做法就實在很讓人不齒了。

他只寫信給哥哥，要孫眉幫他把陳粹芬送人，氣得孫眉對親近的朋友說：「中山寫信給我，叫我將其妾侍送與楊鶴齡，中山再送一萬元與楊鶴齡，我可將中山原信給你看，你說中山是人嗎？」

無獨有偶，陳粹芬也平靜地同意遠離孫文，且在日後被人問起這段往事，她豁達地表示：「我自知出身貧苦，知識有限，自願分離，並不是中山棄我，中山待我不薄，也不負我。外界人言，是不解我……中山娶了宋夫人之後，有了賢內助，諸事尚順利，應為他們祝福。」

與兩位傳統女性分離，孫文可能不會留戀，他曾說過：「遇見她（宋慶齡），使我有生以來第一次感受到了愛情，體會到相思的痛苦和戀愛的那份喜悅。」等一下！這是什麼鬼話？孫文前面遇到的女性，她是如何看待她們？玩嗎？且不說兩位中國傳統式妻妾，也不提紀錄甚少的淺田春，你當初又是怎麼看待大月薰？人家可是被你誤了終生呢！

有道是「只見新人笑，不見舊人哭」，解除婚姻關係的孫文，與義無反顧私奔的宋慶齡，先在一九一五年十月二十四日中午於日本相聚。次日，兩人上午於日本律師和田家中辦理結婚手續，下午則在日本友人梅屋莊吉家舉辦婚禮，那年孫文四十九歲，宋慶齡二十二歲。當時孫文送給新娘宋慶齡的禮物是一把手槍，他說：「這槍配了二十顆子彈，十九顆給敵人準備，最後一顆是危急時留給自己的。」顯示兩人的婚姻，除了男女之情，還摻雜非常濃烈的革命情感。

莊重的婚禮剛結束，發現女兒私奔的宋查理夫婦這才趕到，據梅屋莊吉的女兒回憶，當時宋查理在大門口叫喊：「我要見搶走我女兒的總理！」孫文出來後，宋查理卻突然往地上一跪，磕了幾個頭說：「我不懂事的女兒就拜託你了，請千萬多關照！」之後轉頭就走。

一九一五年十月，宋慶齡與孫中山在日本東京結婚

與孫文結為連理的宋慶齡，不僅照料孫文的起居，對他的政治事業也全心支持及奉獻。例如一九二二年的六一六事變，當時孫文與廣東軍鬧翻，最後廣東軍炮轟孫文所在的總統府，並放話要逮捕孫文。

一陣兵荒馬亂中，孫文、隨扈和有身孕的宋慶齡找路逃竄。身後追殺的喧鬧聲明顯接近，知道自己拖累孫文的行動速度，

六一六事變一週年後，宋慶齡與孫文重返中山艦上的合照

宋慶齡果斷對他說：「中國可以沒有我，但不能沒有你！」宋慶齡居然和兩名留下來陪伴的衛兵開槍掩護孫文逃亡（結合先前跳窗私奔，宋二小姐的體育能力和膽識真是不同尋常的威猛），但在逃亡過程，由於過度劇烈動了胎氣，最終宋慶齡不幸流產，其後終身未再能生孕……

宋慶齡也是孫文年輕的未亡人，孫文生命的最後時光，宋慶齡一直陪在他身邊。有一次孫文希望把自己放在地板上，宋慶齡反對道：「地上冰冷睡不得。」孫文微笑說道：「我不怕冷，最好有冰更妙。」（意思是反正自己快死了，到時也要躺在太平間。）宋慶齡一聽就哭了，孫文趕忙安慰：「親愛的，汝不用悲哀。我之所有即汝所有。」宋慶齡哭道：「我一切都不愛，愛者為汝而已。」顯示兩人在死離前的依依不捨。

晚年的孫文與宋慶齡

而在臨終前夕，孫文立下遺囑：「余因盡瘁國事，不治家產。其所遺之書籍、衣物、住宅等，一切均付吾妻宋慶齡，以為紀念。余之兒女已長成，能自立，望各自愛，以繼余志。此囑。」之後更對趕來的何香凝託付：「請妳在我死後善視夫人，別因她無產而輕視……」何香凝連忙表示：「孫先生的一切主張，我誓必遵守！至於孫夫人，我也當然盡我的力量來愛護。」孫文流著眼淚，握住何香凝的手說：「廖仲愷夫人，我感謝妳……」一旁的宋慶齡聽到這些話，已是淚水滂沱，失聲痛哭。

最終，孫文因積勞成疾，肝病進一步惡化，在一九二五年三月十二日於北京協和醫院病逝，那年，宋慶齡才三十二歲。之後她以發揚孫文思想為理念投身政壇，而當時的人對她則以「國母」相稱。

國父的未亡人

孫文雖亡，但與他相關的未亡人，卻要繼續她們的人生。

正室盧慕貞與孫文離婚後受洗成為基督徒，並投入慈善事業，於一九五二年九月七日過世。

雖然沒有得到孫文的愛，但她完成傳統婦女對丈夫最重要的責任——傳宗接代。她是唯一有為孫文生下子嗣的妻室，長子孫科曾任行政院、立法院、考試院院長等重要職務，是一時的風雲人物。

盧慕貞

盧慕貞的遺骸最終遷葬於廣東省中山市，落葉歸根，這或許是盧慕貞所求、一個再普通不過的願望。

陳粹芬後來移居東南亞，當她收到孫文離世的消息，傷心到肝腸寸斷，她為孫文遙祭七天，並說道：「我雖然與中山分離，但心還是相通的，他在北京病危期間，我幾乎每天晚上都夢見他在空中飛翔。」足見其情深義重。

陳粹芬後來收養一個女孩，取名孫仲英。一九三一年，她攜同養女回國，養女因此認識孫文的侄孫孫治乾。孫仲英後來與孫治乾相戀，但孫仲英是孫文的養女，就是孫治乾的姑姑，這段名分上的姑侄戀就顯得不太恰當。後來為了成全兩人，陳粹芬忍痛與孫仲英脫離母女關係，孫仲英自此改名蘇仲英，她在婚後與丈夫盡力侍奉陳粹芬，這才讓陳四姑得享天倫之樂。

晚年的陳粹芬搬到孫文的故鄉中山縣定居，而盧慕貞則住在澳門，兩人時有來往，關係良好，畢竟在傳統婚姻之中，妻妾本就可以共侍一夫，兩人又都是樂於成全他人的個性，自是相處融洽。一九六〇年十月，這位傳奇的陳四姑溘然長逝，家人先將她葬於香港九龍荃灣華人永遠墳場，到了一九九二年，孫治乾把她改葬中山翠亨村孫家祖墳，顯示她始終都是孫家認定的家族成員。

別忘了孫文的日本妻子——大月薰。

她與孫文的婚姻破裂後，經人介紹，嫁給靜岡銀行總裁三輪新五郎之弟三輪秀司。嫁入銀行家的家族，小薰總算能夠過上安穩的日子。但令人感慨的是，大月薰此時心中竟還掛念著孫文！她仍收藏當年和孫文魚雁往返的書信，也許會不時拿出來閱讀，好回憶那令她心碎卻又無比美好的戀愛時光。有天，這些書信被小薰的丈夫發現。

「告訴我！這些是什麼信？」面對丈夫的喝斥，大月薰拒不回應。在父權至上的傳統日本社會，大月薰的態度可謂極不尊重丈夫。令三輪秀司更無法忍受的是……自己的妻子心中最愛的竟然不是他！憤怒的丈夫發出一聲咆哮：「我要和妳離婚！」就這樣，大月薰又經歷一次失敗的婚姻。

之後她嫁給栃木縣足利市東光寺住持實方元心，經過很長一段時間，她與孫文的婚姻關係都不為人知。直到多年後，她與孫文的女兒，就是被人收養的宮川富美子，在一九五一年才從外祖父大月素堂口中知道生母為大月薰，富美子自此展開一段尋親之旅。當她在一九五六年找到生母大月薰時，連忙詢問自己的身世，看著眼前的親生骨肉，大月薰終於說出埋藏在心底已久的祕密：「富美的讀音就是漢字的文，取名富美子，就是表明妳是孫文的女兒。」

大月薰於一九七〇年十二月二十一日過世，生前，曾有日本電視臺訪問她與孫文的過往，而她這麼回憶：「我第一次見到孫文時，他給我一顆椰子糖安慰我，還溫柔地對我說好乖……」即便男人無情，但在大月薰的心中，卻是永遠銘記的回憶……

宋慶齡，這位最後的孫夫人，與孫文共結連理十年，卻孤獨地走完接下來五十六年歲月。

她頂著「國母」光環，對中國現代史的政局有著不小影響力，同時因為堅決支持孫文生前的「聯俄容共」政策，因而特別受到中國共產黨敬重，並曾擔任中華人民共和國副主席的職位。

但「國母」也是沉重的負擔，這代表她必須「只能是孫文的伴侶」，否則就不具國母的資格。有不少傳聞，宋慶齡晚年與其中一位祕書生出情愫，使她決定向中共高層申請結婚，但時任國務院總理周恩來卻回覆：「何必如此。」傳聞真假難辨，但若真有其事，只能說宋慶齡在她三十二歲之後就身不由己了。

孫文的感情生活豐富，以至於現在不少人會揶揄他，例如說他是愛老牛吃嫩草的「同萌會會長」。

其實年齡不是問題（畢竟是你情我願），不只一個伴侶更不是問題，畢竟孫文正好身處十九、二十世紀的中國，這是傳統中國思想和西方文化劇烈碰撞的交界年代，孫文早年與多名女子過從甚密，放在當年其實是再正常不過的事。至於到了晚年，突然強調與宋慶齡的一夫一妻，或許也反應在時代推進下，社會大眾已經擁抱新的價值觀，而個人的思考也在社會氛圍下改變。

做為名人，孫文的愛情事蹟自然備受關注，但或許我們該拿掉他職業的特殊性，如此回看他的感情經歷會發現百年前的華人感情觀，正發生不亞於辛亥革命般的激變，種種現象以今天眼光來看可謂光怪陸離，但同時也代表當時的特殊性，並成為啟發後世的重要背景。

曾經她們都是蔣夫人

毛福梅、姚冶誠、陳潔如

一九二七年九月二十六日，上海《申報》刊登一則啟示：

「民國十年，原配毛氏，與中正正式離婚。其他二氏，本無婚約，現已與中正脫離關係。現在除家有二子外，並無妻女。惟傳聞失實，易滋淆惑，專此奉復。」

人們對這則啟示議論紛紛，畢竟刊登者當時雖是一介平民，但在前幾個月卻是威震中國的國民革命軍北伐總司令蔣介石，而在刊登啟示的同時，他也宣布要與出身江浙地區名門的宋美齡訂婚。

當蔣介石在日記記錄「人生之樂，以定婚之時為最也」的暢快心情，宋美齡家族則為家中小妹籌劃奢華婚禮而忙碌，對於出現在《申報》，被蔣介石宣布斷絕伴侶關係的三位女子來說，卻是心情最為灰暗的時刻。

「毛氏髮妻，早經仳離；姚陳二妾，本無契約」，這是後人對於《申報》啟示的濃縮，同時也帶出宋美齡成為「蔣夫人」之前，還有三位女子曾與蔣介石過從甚密。

究竟其中有何愛恨情仇？真是一言難盡……

髮妻毛福梅——少年成婚大不幸

蔣介石生於一八八七年（清光緒十三年），既然是出生於十九世紀末的人物，當然無法避免同時代絕大多數男人會經歷的命運——父母之命，媒妁之言。於是他在一九〇一年，迎接人生中的第一位伴侶毛福梅。

毛福梅生於一八八二年，父親是一位南貨商人，她嫁給從未見面的蔣介石時二十歲，蔣介石十五歲。

蔣介石早年照片，此時約二十歲

雖然大部分人可能知道早婚在傳統社會是常態，不過看到蔣、毛二人成親時的年紀，相信應該會有人對蔣介石的想法是：

「他只是個孩子啊！」

事實上，蔣介石在婚禮當天的一個舉動，完全證明他真的是「中二」小孩。下午四點，新娘花轎來到蔣家門前，眾人按慣例鳴放鞭炮，結果身為新郎的蔣介石，居然衝出去撿鞭炮蒂頭。先不說這行徑本身挺無聊的，蔣介石的母親王采玉看到，憤怒得對蔣介石跺腳大罵，甚至氣到哭出聲來。

為何王老太太反應如此激動？因為在蔣介石的家鄉浙江省奉化縣，有一句俗語說：「新郎拾蒂頭，夫妻難到頭。」表示蔣介石的行為超級犯忌諱，也因新郎不明就裡的毛躁行動，引得參與婚禮的親友哄堂大笑。本該歡天喜地的婚事，卻成為鄉里間的笑話，試問王老太太能不發怒嗎？

根據毛福梅日後的回憶，雖然婚姻的開局頗糟，好在剛成親時，「介石每每同我在房內說話或笑出聲音」，可見兩人在新婚時刻相處得還不錯。

但婚姻的困難往往不只是夫妻之間的問題，而是兩家人的觀念落差。

前面提到毛福梅寫下她在新婚時與蔣介石相處愉快，但這個回憶下半部分卻是：

「這就使王太夫人怒不可遏……漸漸完全避免在房裡同他公開直接談話。」

不只是婆婆對媳婦挑剔，毛福梅的家人，特別是二哥毛懋卿也看蔣介石不順眼。根據蔣介石在一九七〇年寫下的回憶：「當十六歲元宵，領導溪口花燈隊至岩頭作戲，妻兄懋卿認以為恥，且比我為敗子，余難忍受，因此與毛氏一生不和也。」

說真的，十六歲的蔣介石，放在今天就是高中生的年紀，晚上和小伙伴們夜衝遊玩，其實很正常，結果毛懋卿上來一句「敗家子」點名批評。已經八十三歲的老蔣仍對當年的事情耿耿於懷，就知道他肯定氣炸了！

家裡人不好相處怎麼辦？蔣介石的方法很簡單：「不要住家裡了。」

一九〇三年，蔣介石要去奉化縣的鳳麓學堂讀書，就讓毛福梅同行，並將她送進奉化作新女校學習。清末民初的社會中，「女子無才便是德」早已不是年輕人對女性的期待，特別對學習頗為上心的蔣介石來說，更不希望妻子是個目不識丁的鄉下大媽。

毛福梅的學習表現如何呢？用比較恭維的話來說就是：當真不怎麼樣。她只讀了半年就因適應不良而輟學回家，由此可見，兩夫妻對新事物的接受度差距甚大。

而讓他們進一步疏離的關鍵是蔣介石在求學期間確定的志願：「我要從軍，並去日本留學！」

這裡解釋一下，蔣介石想要從軍和去日本留學有什麼關係呢？清朝當時沒有設立現代化的軍校培養體系（其實在一八八五年，清朝曾設立較有現代化培訓概念的天津武備學堂，但在一九〇〇年，該學堂因八國聯軍的戰火而被摧毀，直到一九〇六年，清朝才在保定重新設立現代化軍校），所以出國留學才能學習較有品質保障的現代化軍事理念。

若論教育品質，德國的陸軍、英國的海軍絕對是優質保證，但有一個很現實的代價：費用很貴。日本距離中國近，不只旅費，連物價都比較便宜，對於有心留學的青年學子來說，日本是CP值較高的選擇。

再多說幾句，由於日本也是革命黨的大本營，許多拿著清朝公費的留學生在革命思潮影響下，反而變成意圖推翻清朝的革命黨人，蔣介石就是這一類人的著名代表。

一九〇六年四月，蔣介石前往日本開啟留學之旅，即便後來為了獲得公費留學資格，有回到中國報考陸軍速成學堂，但獲得公費資格後，又立刻前往日本。

至此，蔣、毛兩人的婚姻出現婆媳問題、家庭糾紛、志趣不合，現在又分隔兩地，相信大家能了解他們相處狀況很不樂觀呀！

事實上，蔣介石去了日本之後，極有可能眼界大開，對毛福梅可能更加看不上眼，於是兩人爆發前所未有的重大衝突。一九〇八年冬天，蔣介石難得從日本放假回國探親，卻因為瑣事與毛福梅發生鬥毆，在蔣介石的拳打腳踢下，當時已經懷孕的毛福梅流產了……

對於蔣介石老母王采玉來說，這下事情大條了！不只是夫妻關係破裂，更重要的是蔣、毛兩人結婚近八年，媳婦好不容易懷孕，結果自己的親兒子居然弄出人命，除了是人倫悲劇外，更有可能讓蔣家絕後呀！

身為傳統婦女的王采玉，自然把「不孝有三，無後為大」的古訓看得極重，她只能期待兒子之後放假回家時，能夠努力做人並開花結果。想不到一九〇九年，蔣介石趁學校放假回國時，居然決定：「我就待在上海，不回奉化老家了。」

王老太太氣炸了，連忙帶著毛福梅去上海找蔣介石，一見面就要求兒子：「必須和你媳婦同房！」蔣介石爽快地表示：「不要、不要、就不要！」

眼看兒子如此忤逆，王老太太決定發動大絕：「你要是不和媳婦同房，我就跳江自殺！現在！立刻！馬上！」

在媽媽的情緒勒索下，蔣介石心不甘、情不願地和毛福梅同床共枕幾天，結果他這次相當爭氣，毛福梅很快又懷孕了。王老太太趕忙將毛福梅帶回奉化老家，畢竟不能讓兩夫妻舊事重演，破壞這得來不易的「播種」成果。而肚子中的小孩，就是日後蔣介石的接班人——蔣經國。

話說到此處，大家是否有發現一個問題？就是沒有人真正在乎毛福梅。

丈夫嫌棄她，婆婆雖然維護她，但更多是保護生子工具。在此情況下，無怪乎毛福梅表示：「我毫無辦法，只有為我全然無助的苦況暗中哭泣，以致很長一段時日中，我患了憂鬱症。為了逃避那些圍困著我、使我要忍耐的苦痛，我愈來愈轉求佛爺給我慰藉。」

所有人深受其害的家暴

如果以上遭遇讓大家覺得毛福梅很慘，那麼接下來的時光，大家會發現……沒有很慘，只有更慘。

自一九一五年起，蔣介石開始有寫日記的習慣，成為後人研究老蔣生活和心境的重要參考資料。

首先，蔣介石青年時代徹底解放男性本色，甚至到一發不可收拾的地步。

一九一九年三月九日，他寫下在香港旅館：「見色心淫，狂態復萌，不能壓制矣。」（一時很有反應就嫖妓啦！）

一九一九年七月二十六日，他寫下：「近日甚為淋病之苦，心生抑鬱也。」（要玩也沒注意衛生，金胎哥！）

一九二〇年一月十五日，他記錄在日本：「晚歸，又起邪念，何窒欲之難也。」十八日的紀錄則是：「上午，外出冶遊，又為不規則之行。」（可見蔣先生玩性很大，不管白天、黑夜都能隨時進行考察。）

蔣介石第一張西裝照拍攝於一九一二年

剩下的相關敘述太多了，我知道大家不愛看，先就此打住。從蔣介石如此在外流連忘返的紀錄來看，自然讓婚姻生活進一步惡化。

於是蔣家迎來一件大事，一九二一年四月三日，蔣介石的日記如此紀錄：

「經國母子不遵教回家，見其母之人影足音，刺激暴發，嫌惡之情不可制止。而又惜愛其子，不准教訓，與我為難，痛恨之心，無以復加。逼我爭鬥，竟與我對打，此恨終身不能忘，毆打之後，自傷元氣，誠自尋苦痛，犯不著也。當日即令妻安大小兒子均出去為此終身怨恨母親，亦無所惜也！」

是的，蔣介石又家暴了。

相比上一次家暴缺乏詳細描述，這次有人還原出當時場景，就是蔣經國。他在一九三五年於蘇聯《真理報》刊登〈給母親的公開信〉，內容為：

「母親，您還記得嗎？是誰毆打您，抓住您的頭髮，將您從二樓拖到樓下？那不是他蔣中正嗎？您向誰跪下，請求不要把您趕離家門？那不是他蔣中正嗎？」

事實上，這場衝突的後果非常嚴重，因為蔣介石在隔天四月四日的日記寫下：

「急極，對母親又發牢騷不敬之語……時出生死不慎之言，以對母親，非此不能決母准我離婚之心……然而不孝之罪，上通於天，實無以捨罪也……以後對母親及家庭之間，總須不出惡言。無論對外對內，憤極怒甚之時，不動手毆人。此誓終身守之，冀免昨日不孝之罪也。」大意是：我要離婚！但老媽不准，於是我咒罵她幾句。我知道這是大不孝之罪，所以決定立下終身誓言——以後絕不家暴！

對媽媽還有愧疚之心，但對毛福梅，蔣介石沒半點耐心。為了離婚，蔣介石寫信給毛福梅二哥毛懋卿：

「十年來，聞步聲，見人影，即成刺激……（中略）……不幸時至今日，家庭不成家庭，夫固不能認妻，妻亦不得認夫。甚至吾與吾慈母水火難滅之至情，亦生牽累……（中略）……吾今所下離婚決心乃經十年之痛苦，受十年刺激者，非發自今日臨時之氣憤，亦非出自輕浮的武斷。須知我出此言，致此函，乃以至沉痛悲哀的心情，做最不忍心之言也。高明如兄，諒能為代謀幸福，免我身苦痛。」大意是：你妹不只破壞我和她之間的關係，現在更破壞我的母子關係。我雖然很痛苦說這句話，但是……還是趕緊離了吧！

當時遭逢家暴的毛福梅暫時搬離蔣家，而王老太太則強烈否決兒子的離婚要求，並為了讓夫妻有和好的可能性，王采玉幾天後將毛福梅叫回家中。

結果蔣介石一看到毛福梅，瞬間爆氣！他在四月十九日寫下：

「母親老悖，一至於此。不僅害我一身痛苦，而且阻我一身事業，徒以子孫之心，強欲重圓破鏡，適足激我決絕而已。」

當時蔣介石時常走訪親戚，希望有人能支持離婚的決定，但在四月二十五日，他收到一則消息：自己的母親病倒了！蔣介石連忙趕回家，並繼續和毛福梅傷害彼此。

蔣介石日記在五月四日的紀錄是：

「回家，見毛氏猶在，為之腦暈頭融，殊難忍耐，又起暴躁，亦不顧有母病也。思之實無路可走，出俗之心更濃也。」

是的，哪怕老娘病倒了，但他一見毛福梅就開罵，完全不讓母親省心，而且依舊不放棄地要求離婚。（六月二日的紀錄為：「日間談毛氏離婚，及母遺囑事，毛氏未能順從。」）

他甚至寫下：「人類以愛敬相尚，況乎家族之間，我待毛氏太過，自知非禮，但一見心狠不能忍耐，如中國習慣不以離婚為醜事，則今日彼此之痛苦，皆可免除，或可增進無上之幸福。今乃不然，惟使彼此受累。嗚呼！何其難哉。」大意是：我知道自己對毛福梅太誇張了，但我現在一見她就煩！唉……中國社會為什麼不肯接受離婚的觀念，只要離婚，一切痛苦就免除了嘛！

六月十四日，王采玉老太太過世了。

蔣介石悲痛的同時，在七月二十五日寫下這段心情：「吾母之死，乃死於家庭之舊習慣，即死於毛氏之身上也！」

連母親的死都可以說是毛福梅的錯，由此可知當時蔣介石對髮妻的成見極深，於是他在十一月完成母親的喪禮事宜後，把一眾親戚叫來，說出不知第N次的意見：「我要離婚！」

毛福梅（左），王采玉（中）懷抱著蔣經國，以及蔣介石（右）

所有人都知道這段婚姻不可能有救了，親戚們只能在苦勸後，提出傳統社會的慣例：「離婚不離家。」就是結束實質的夫妻關係，但毛福梅依舊可以在蔣家居住。畢竟娘家歸不得（這在古代是非常丟臉的事），而且傳統婦女的毛福梅沒有獨自謀生的能力，離婚不離家是對傳統女性生存上的一種保障。

離婚後的盡心侍奉

根據奉化當地人唐瑞福、汪日章的回憶：「毛福梅與蔣介石離婚以後，仍然茹素念經，鄉里都稱道她賢淑。毛氏性好整潔，臥房裡所有家具用品都有生財冊登記；所有擺設不允許亂加移動或亂放。蔣回溪口，毛對蔣仍是有禮、有節，數十年如一日。只有因為懷念在蘇聯的兒子蔣經國，與蔣爭吵過，要蔣把兒子叫回來。」

這裡要解釋一下，前面提到蔣介石曾把蔣經國送到蘇聯讀書，當時本想著是出國深造，後來蔣介石鎮壓共產黨，蔣經國在蘇聯的地位就從親密合作的官二代，變成反共產革命的禍首之子。不但日子很難過，甚至可能隨時死於非命。

對於離婚的毛福梅來說，親生兒子可能是世上最大的牽掛了，所以什麼事情都能不過問，只有兒子必須捍衛到底。

對蔣經國來說，父親一向喜怒無常，世上自然只有媽媽好。這就不難理解，當蔣經國在一九三七年返回中國並回到奉化老家時，母子見面的瞬間，那是當場抱頭痛哭，因為是最在乎彼此的人呀！

除了禮佛和想兒子，毛福梅還維持一個慣例——為蔣介石操持家事。

是的，各位沒看錯，即便婚姻破裂，後來蔣介石為了迎娶宋美齡，在上海《申報》對全國宣布自己在法律上與毛福梅徹底結束婚姻關係，毛福梅依舊為蔣介石操持家事。

同樣取自唐瑞福、汪日章的回憶：「蔣每次回溪口，事先都有通知，得到通知後，毛氏總是打發蔣聰玲（一個女僕）到鎮上去叫幾個臨時工徹底打掃衛生。將豐鎬房大廳內外沖洗一番，大廳外面小明堂的石板也要用水洗刷，要做到窗明几淨，一塵不染。曾在上海為蔣當過廚師的蔣小品夫婦也總是來豐鎬房幫忙，為蔣及其侍從辦菜飯，並另外增加幾席客飯，供豐鎬房帳房總管等用膳，毛氏也下廚親手為蔣做菜。」

毛福梅都煮了些什麼呢？首先，蔣介石認為「雞」是補身體的食物，但老蔣的牙齒不好，連一般的雞肉都咬不動，那要如何吃雞呢？這就要提到奉化的兩道家鄉菜：雞汁芋頭和醃菜。

芋頭是奉化特產，放在雞湯裡熬煮，會吸收雞湯的精華且變得軟爛，對蔣介石來說，既容易入口又能滿足補身體的需求。

老蔣之所以牙齒不好，除了玩女人染出一身病之外，其中一個原因是早年在日本讀軍校，當時日本軍校只提供非常少量的米飯和醃菜，由於缺乏新鮮蔬果的營養，種下老蔣很早就牙齒爛光的情況。但日本生活卻讓老蔣養成愛吃醃菜的習性，所以毛福梅會醃漬雪裡紅、腐乳、臭冬瓜，成為老蔣的桌上佳餚。即便老蔣不回奉化老家，毛福梅還是會按時節將奉化的芋頭、海鮮，以及自製醃菜送到蔣介石的南京住所。

「未嫁從父、既嫁從夫、夫死從子」，如果沒有意外，這會是毛福梅的人生經歷，只是意外就是發生了。

一九三七年，中、日爆發全面戰爭；一九三九年十二月十二日，日軍派遣空軍轟炸蔣介石的故鄉，毛福梅在轟炸中，被倒塌的蔣家老宅牆壁壓死，享年五十六歲。

這個消息很快傳到蔣介石手中，他在十二月十三日的日記如此紀錄：「接張愷電擕毛氏在單家牆下被敵炸坍壓死，不料其短命慘死如此也，命經兒速回家料理一切。」蔣經國在十二月十四日抵達蔣家老宅，一見到毛福梅的遺體，立刻抱住並嚎啕大哭，之後在她的遇難處寫下四個大字：以血洗血。徹底表現一個兒子的悲慟與不捨。

蔣介石幾乎沒有任何表示，或許有一些感嘆，但在處理全國軍政時，面對感情破裂的前妻意外過世，於公於私，應該都沒什麼理由需要特別表達吧？

故事記錄至此，對於蔣介石與毛福梅的婚姻，我的感想是：滿滿的悲哀。

毛福梅自然是悲哀的，她在這段婚姻中，一不能自己作主，二也非她所願，如此身不由己是傳統婚姻觀念下的普遍狀況。另外，相對於蔣介石的洋洋灑灑，毛福梅沒有留下太多表述，所以我幾乎只能從蔣介石、王采玉、蔣經國，甚至是旁觀的鄉民角度去了解這段婚姻。這種表達上的空白，或者說忽略，也是傳統婚姻下的一個縮影。

蔣介石也是悲哀的，因為我看到他在一九七〇年的日記記錄：「余與前妻毛氏不睦，並非為本身間相互問題，乃是因早婚患習，余本人年少不羈，而其兄毛懋卿對余不僅輕視，而且頻施譏刺為敗家子、無出息之流，因此在夫妻間造成惡感。但前妻本人及其交母皆對余甚愛，迄今思之，引為終身之遺憾矣。」

老蔣終於明白自己的錯誤了！時間是他離婚的四十三年後、毛福梅離世的三十一年後。要經過如此長的時間才承認自己的錯誤，這當中的傷害已經不可逆，更沒有絲毫彌補的機會。

不知蔣介石可有翻閱過往日記的習慣？若是有，當他往前翻看一九二一年所寫下的言論，真不知做何感想了。

悍妾姚冶誠，出身風塵的女人不好惹

雖然前面提到從蔣介石的日記中，看到他不諱言自己性欲高漲，但他勉勵自己追求聖賢的道德，像是現在臺灣著名的風景區陽明山，名字的由來就是蔣介石紀念明代大儒王陽明，而他寫日記的習慣，則是模仿清末中興明臣兼儒學捍衛者的曾國藩。面對性欲上的衝動，蔣介石總是在荒唐完後的賢者時間自責，以至於寫下：「介石！介石！汝何不知遷改，而又自取辱耶！」但最終仍是：「邪念時起，狂態如故，客氣亦盛，奈何奈何。」正因時常出入風月場所，他與第二段姻緣的對象姚冶誠才有機會相識。

話說姚冶誠如何和蔣介石走到一起，當真是眾說紛紜。

第一種說法，蔣介石在一九一二年拜訪在上海的結拜大哥陳其美，大哥為了招待小弟，時不時去風月場所找姑娘尋開心，而當時還叫姚怡琴的姚冶誠在席筵上見到蔣介石，覺得這位年輕人氣質、長相都不一般，甚至斷定他將來必定出人頭地。於是她先刻意奉迎撩撥蔣介石，後來還直接以身相許，蔣介石本來想拒絕，但眼看她實在太情意綿綿，只好接納美嬌娘。

第二種說法，蔣介石在一九一二年去蘇州遊玩，在一座園林裡邂逅盛裝打扮的姚冶誠，她也注意到儀表軒昂的蔣介石。互看對眼的兩人開始攀談，進而開始交往，最終在一九一五年同居。

第三種說法來自蔣介石另一個妾室陳潔如，蔣介石在一九一六年去蘇州躲避仇敵追殺時認識姚冶誠。姚冶誠對蔣介石另眼相待，卻冷落其他恩客，導致一位有錢老頭不滿。於是在某次宴席中，有錢老頭當場質問陪酒的姚冶誠：「妳要不要和那個窮光蛋蔣介石分手！」姚冶誠果斷回答：「不！」當時有一盤滾燙的魚翅湯端了上來，有錢老頭陰狠地說：「我在妳身上和這個地方花了好幾千元，而妳卻一再使我丟臉。既然妳偏偏喜歡上這個一文不名的革命小子而不要我，那就給我戴上這頂帽子！」語畢，有錢老頭把魚翅湯直接潑灑在姚冶誠頭上，讓她當場毀容。蔣介石有感這個「魚翅帽」讓姚冶誠受到傷害，於是將她納為妾室，聊表愧疚的心意。

不知各位比較相信哪個版本呢？

先講第三種，如果大家有看到姚冶誠的照片，不知能否看出破相的痕跡？我看不出來，即便陳潔如講得相當精彩，本人只能對此說法存疑。無論是哪一種說法，我們都能明白——姚冶誠出身風塵。這或許是她在男女交往上相當主動的原因。

相比毛福梅，姚冶誠擁有亮麗的外表，而她的職業想必能讓蔣介石感到別樣的情趣，所以兩人相處的日子最初還算愉快。

姚冶誠還有一個極大的加分項目，就是她擔當起慈母的角色。當蔣介石將次子蔣緯國託付給姚冶誠養育後，她對這位養子視為己出，讓年幼的蔣緯國享受到無微不至的母愛。蔣介石在日記提到：「冶誠較勤，緯兒活潑，尤為可喜也。」有時還會：「招緯國母子來船遊玩，聊解寂寞。」顯得一家人特別溫馨。

但隨著時間過去，姚冶誠諸多惡習讓蔣介石對她的觀感急轉直下。

首先，她非常愛賭，使蔣介石屢次在日記寫下：「與冶誠清籌問數，恨其不知困難，而耗費如此也，早間一起床，與其爭論也。」「冶誠等博弈不休，悵甚，惱甚。」姚冶誠的愛賭，不只讓蔣介石的財務出現虧損，甚至忽略對蔣介石的照顧，他在一九二〇年五月十六日記錄：「近日以冶誠好賭而不侍我病，出言背謬，行動冷淡，見之憤恨難堪，心甚不定，出外覓屋，又無相當之處，牢騷甚矣。」

再來姚冶誠的個性潑辣，面對蔣介石的責問，也是毫不猶豫地頂回去。蔣介石曾寫下：「姚妾之無禮，實為可惡，怨恨不堪。」甚至《民國日報》還曾報導：「有一次，蔣介石連續四天不接見訪客，因為在一次吵架中，他被夫人（姚冶誠）用花瓶打中了頭部，青一塊、紫一塊的不成模樣。」這些言行讓蔣介石憤恨地寫下：「今日以冶誠作梗，貪橫不堪，心甚憤恨，暴躁抑鬱，疑慮、怨恨、諸惡叢生……」

最後，青樓出身的姚冶誠或許很會撩撥男人，但她卻不像尋常婦女一樣懂得如何照顧男人，而她對蔣介石的疏忽也導致兩人關係徹底破裂。

一九二〇年五月，蔣介石感染傷寒，一度高燒至三十九度。照理說，面對蔣介石的生死關頭，姚冶誠應該立刻趕去身旁陪伴，就算沒有實際幫助，至少表態對蔣的看重。

但她不知出於什麼原因（很可能又是賭到渾然忘我），居然隔了幾天才去醫院探望。

這下後果嚴重了，蔣介石看到姍姍來遲的姚冶誠：「見之憤恨，病狀反重。余特令其回寓，不欲其侍候也。」被轟回家的姚冶誠是什麼反應呢？答案是：「彼竟吞生鴉片，以為恫嚇，幾乎傷命。」

「一哭二鬧三上吊」或許姚冶誠在青樓學來勾弄男人心理的常用戰術，但對已由愛生厭的蔣介石來說，以死相逼只讓他怒不可遏地表示：「妒婦悍妻之險惡陰狠，一至於此！」

既然兩人關係已經惡劣至極，為何蔣介石不索性直接結束兩人的關係呢？

蔣介石還真的考慮過。他在痊癒後找革命黨前輩張靜江、居正和好友戴季陶商量離婚事宜：「處置冶誠事，離合兩難，再三躕躇，卒無良法，乃決以暫留分住以觀其變，如果脫離，一則緯兒無人養育，恐其常起思母之心，令人難堪，一則恐其終不能離也。」很明顯，蔣介石掛念的不是姚冶誠，而是考慮到蔣緯國的心情和處境。

話說到此處，正當我感覺蔣介石或許不是個好情人、好丈夫，但某方面來說可稱為好爸爸的時候，《蔣介石日記》的另一則紀錄瞬間打破我想像中的溫馨氛圍。一九二〇年六月十三日所寫：「下午往訪有恆，探冶誠之意向，乃知其敲詐為事，唯利是圖，不勝憤恨。」

原來除了母子之情難以割捨，贍養費問題同樣讓蔣介石感到苦惱。但故事發展至此，維繫婚姻不斷的原因居然只是財務搞不定，這段關係當真劣質到充滿悲哀。

此後的歲月裡，蔣介石與姚冶誠的感情時好時壞。

蔣介石的日記裡既有：「六時起床，冶誠嫌惡之態復發。其心思之狠、口舌之毒，令人憤恨不堪。上午痛訓，猶不足洩我憤忿也。」顯示兩人衝突依舊。卻又有「看冶誠病，未癒，甚念也」這種極為抒情的關懷。甚至在一九二六年，那時的蔣介石已經在廣東省就任黃埔軍校校長，是中國國民黨正在崛起的一股勢力。有段時間姚冶誠帶著蔣緯國前來探望蔣介石，在二月十五日的日記記載：「晚餐吃醬蹄，與冶誠、緯兒等圍坐言笑，近日來，以今為最歡也。」

或許這就是「一夜夫妻百日恩」，儘管無法共處，但真的分開，一些美好難忘的回憶卻又讓情緣難斷。

不過隨著蔣介石為與宋美齡結婚，特別登報表示自己與姚冶誠無婚姻關係，兩人之間也正式走到盡頭。

一九二七年，蔣介石將姚冶誠安置在蘇州（今南園賓館），除負擔生活費用，還請朋友、胞妹、同鄉等人照料。據曾擔任蔣介石侍衛的宓熙所說：「一九二七年四月十五日，蔣介石在蘇州停了一下，姚冶誠帶著小兒子緯國上車來見蔣，不幾分鐘就下車回去……在我的印象中，蔣介石只有這一次在蘇州停了車，以後再也沒有見過她。」

真要說兩人有所牽連，大概只剩她依舊是蔣緯國的養母。一九四九年，姚冶誠隨蔣緯國來到臺灣，並於一九六七年九月九日病逝，享年七十九歲。當時蔣緯國人在國外，沒能陪在他摯愛的養母身邊，只能在歸國後，於墓碑上寫下「辛勞八十年，養育半世紀」。而蔣介石則在當天的日記寫下：「膳後領經兒乘車，途中得報稱冶誠已於九日逝世云，感慨係之。」

晚年的姚冶誠

此時的蔣介石已是八旬老人，不知在他的感慨中，任性的悍妾、親暱的情人、讓兒子與自己享受到天倫之樂的後母……姚冶誠的哪一個形象在他心中最為深刻呢？其中複雜的滋味，恐怕連當事人都未必能說得清楚吧？

愛情悲劇的主角——陳潔如

蔣介石之所以崛起，其中關鍵是他擔任黃埔軍校的校長。

如果詢問黃埔軍校的資深學生：「誰是蔣夫人？」他們的答案不會是毛福梅，也不會是姚冶誠，因為這兩人都和蔣校長分居，學生通常見不到她們。當然更不會是宋美齡，她與蔣介石直到一九二七年才結婚，最起碼前五屆的黃埔畢業生不可能未卜先知地稱呼宋三小姐。

對於黃埔軍校生來說，他們熟知的蔣夫人是那位從創校之初便隨侍在蔣校長身邊，甚至在北伐之際還特別為大軍送行的年輕女性——陳潔如。

陳潔如

陳潔如，又名陳璐，一九〇六年出生在上海的一個商人家庭。由於家境富裕，而且成長在觀念已傾向西方文化的民國時代，她在十二歲就被送入上海愛國女子中學，因此有機會認識張靜江的女兒，並不時去到閨蜜家做客。

這裡要提一下張靜江是何許人也，他是孫文革命時期的重要金主，當時他告訴孫文若需要資金，就用電報打英文字母，打A就給一萬法郎，最多可以打到E，就是匯出五萬法郎。正因張靜江對革命的鼎力相助，他在革命陣營擁有極高的地位，甚至被譽為中國國民黨四大元老之一。

可想而知，張靜江家中自然常出現革命黨人，而有時去串門子的陳潔如，也因此遇到當時在革命陣營中的後生晚輩蔣介石。

根據《陳潔如回憶錄》的說法，她第一次在張靜江家見到蔣介石，本來只有注意到更重要的客人孫文，但等到她要回家時，卻發現蔣介石守在門口，還非常殷勤地要送她回家。

陳潔如覺得眼前男子的行為相當唐突，立刻拒絕，甚至刻意報錯誤的地址，希望以後別見到他。哪知蔣介石還是打聽到住址，甚至登門拜訪，直接表明希望陳潔如做他的女朋友，之後更把她約到一間旅館，等陳潔如一進房間，就瞬間堵住房門，一臉淫笑地向她逼近。就在這萬分危急之際，陳潔如的反應是……立刻怒斥：「你不放我走，我就大叫救援！」蔣介石的反應是立刻被嚇愣，陳潔如就趁空隙奪門而出。

先說《陳潔如回憶錄》是部很好看的作品，例如前面提到她描述姚冶誠的「魚翅帽」，以及蔣介石色中餓鬼的形象，情節跌宕起伏、人物鮮明生動，絕對能讓讀者大開眼界，而且做為蔣介石曾經的親密伴侶，她所見證的場景、相關紀錄和發言，都是頗為「珍貴」的史料。

但注意！我說陳潔如的資料有其「珍貴」，但沒說她的資料有很高的「可信度」，因為她的說法很常與其他資料對不上。

像是陳潔如說她本來很厭惡蔣介石，但父親過世時，蔣介石有來祭拜致意，而且表現得像是失去至親的傷感，使她動容並對他有所改觀。之後不僅是張靜江，甚至是孫文都出動，特別撮合兩人，於是他們在一九二一年十二月五日於上海永安大樓大東旅館結婚，場面頗為隆重。

問題是根據《蔣介石日記》，婚禮前一天，他人在溪口老家呀！隔天他則是「晚，輯先妣哀思錄」，一個人有可能白天喜氣洋洋地結婚，晚上悲痛莫名地紀念過世母親？這情緒轉折之大只怕是人格分裂吧？雖說十二月十三日的日記倒是有「投宿大東旅社，潞妹迎侍」的字眼，但與《陳潔如回憶錄》的部分內容對上，從常理判斷，蔣介石也不可能按照陳潔如所說的那般盛大結婚。原因有二，其一，蔣介石母親於當年六月十四日去世，並於十一月二十三日下葬，按習俗，很難想像蔣介石在母親下葬後的半個月內就結婚；其二，如果婚禮真的頗為盛大，為何沒有報紙報導相關消息？連姚冶誠拿花瓶砸蔣介石的小道消息都有地方報紙刊載，蔣介石另結新歡的消息怎麼可能在社會上毫無消息？

但又要說陳潔如很有問題，轉而相信蔣介石的說法嗎？

按蔣介石日後登報所言「其他二氏，本無婚約」，他與陳潔如毫無關係。問題是現存有張「歡送蔣總司令北伐」的紀念照片，其中對陳潔如的稱謂就是「蔣夫人」。如果二者真的沒關係，外人敢這樣亂寫嗎？

無論是《陳潔如回憶錄》，還是《蔣介石日

歡送蔣總司令北伐紀念照，左六的「蔣夫人」正是陳潔如

記》，兩者都有很高的參考價值，但同時也不能全信。我的方式是盡量呈現雙方在當時的心情，畢竟感受很主觀，就算有其他資料顯示當事人口是心非，但在心理諮商時，對於當事人的表態也只能優先做為參考紀錄。接下來就透過史料去看看蔣介石與陳潔如之間，隨著時間不同，究竟有何情感發展。

無論蔣、陳二人在哪個時間點結婚或確定伴侶關係，有一段時間蔣介石前往廣州追隨孫文，陳潔如則留在上海。這段遠距離戀愛時期，在《蔣介石日記》中有諸多紀錄。像是一九二五年，當時陳潔如即將前來廣州相聚，而蔣介石在四月寫下：

十一日「近日以來，潔如不來，汝為忌刻，憤恨悲痛，百感交集。」

十八日「六時前起床，往碼頭迎接潔如，未到，不勝懊。」

十九日「六時起床，往接潔如，同回黃埔司令部。今日傷風，潔來不能免此，故終日昏沉，睡眠而已。」

二十日「六時前起床，探測潔如心理，與其在滬行動。上午在校辦公，往司令部與潔如玩惱。下午假眠一小時後，辦公。嘉倫、仲愷、湘芹、協之諸同志來談。五時後回司令部，與潔如玩惱。」

四月二十一日「六時到校辦公，接潔如自白函，心稍安。」
二十六日「下午，攜潔如赴油汕船次，為情魔纏絆，憐耶，惱也，殆無已時。」
三十日「下午遊兩湖，登關岳廟……與潔如在途中生氣。此事中不能忘，幾發神經病矣。」
從日記可以看到，蔣介石對陳潔如相當掛念，甚至曾對她在上海的人際往來存疑，以至於出現「情魔纏絆」這類充滿醋勁的字眼。
正所謂「小別勝新婚」，蔣介石多次紀錄兩人的恩愛場景，諸如：
五月二十三日「昨夜又與潔如纏擾，英雄氣短，自古皆然也。」
七月二日「早醒，與潔如纏擾，七時後起床辦公。」
七月三十日「以後兩星期內，戒與潔如交媾，保重病體。」
能讓蔣介石警惕自己的健康，可見兩人互動多頻繁激烈，想必這對夫婦生活得十分愉快……嗎？
別忘了蔣介石的脾氣，不能說心平氣和，只能說反覆無常。
「又與潔如糾葛，不勝憤悶。」「潔如〇〇驕矜，豈余有不德乎？」

看來兩人感情逐漸生變，究竟發生什麼事呢？答案是家務事。

一九二五年八月十八日：「十二時回寓。見什物布排不好，大斥潔如，氣煞半天。」

一九二六年六月二十日：「潔如不知治家之道，完全如一小孩，時不如意也。」

一九二六年七月十日：「今日見潔如治家無方，毫無教育。」

一九二六年七月三十日：「七時後起床，以潔如無了，心甚懊悶，致函規之讀書治家。」

從《蔣介石日記》的紀錄可以看出他對陳潔如治家的能力批評甚多，但請各位注意，此時陳潔如才十九、二十歲，而她在十五歲之前，還只是個上學讀書的少女，加上家境殷實，想必不用操持家務。蔣介石斥責陳潔如不會治家，是否過於嚴苛？

而且陳潔如其實已經相當努力，根據她的回憶錄，她不僅要顧家務，還要擔任蔣介石的祕書，為他整理信件及安排會面，並運用不算精熟的俄語幫忙翻譯。白天已經忙得昏天黑地，兩人獨處時還要被嫌棄斥責，試問陳潔如的心理陰影面積有多大？

當然蔣介石也明白自己脾氣暴躁的短處，所以不時反省，例如他在日記寫下：「忿恨惱怨，使潔如難堪，甚悔也。」或是「近日性質燥急，怪僻已極。潔如耐性侍奉，毫無嫌惡心，亦可恕其過去事矣。」

不過以蔣介石一貫的習性，他與陳潔如極有可能陷入反覆爭吵，並逐漸消磨掉彼此的感情。但陳潔如倒也沒有陷在這種死循環太久，只因那個唯一能制住蔣介石，讓他只敢服服貼貼、敬愛有加的女性即將橫刀奪愛。

一九二二年十二月，上海莫里哀路二十九號舉辦一場社區基督教晚會。雖然當時蔣介石根本不信基督教，但依舊前往參與，只因居住在該地的主人名為孫文，而晚會的主辦人則是孫文的小舅子宋子文。

那場晚會中，蔣介石見到一位美麗且極具氣質的女性，就是宋子文的小妹宋美齡，當時她二十四歲。這是他們的第一次見面，根據蔣介石日後描述：「余第一次遇見宋女士時，即發生此為余理想中之佳偶之感想，而宋女士曾矢言，非得蔣某為夫寧終身不嫁。」

說蔣介石見到美麗女子就想入非非，我信；但說宋美齡非蔣介石不嫁，至少兩人相識之初，應該是沒這回事，畢竟從一九二二年到一九二五年，《蔣介石日記》幾乎沒有留下與宋美齡相關的紀錄，顯見兩人最初甚少交集。一直到一九二六年，蔣介石才在日記寫下「美齡將回滬，心甚依依」的字眼，顯示他開始重視對宋美齡的感受。

而在陳潔如的回憶中，大約是在一九二六年，蔣介石對與宋家來往產生興趣，甚至說出：「我完全是走了點運才當上軍校校長，我有了地位，但缺少聲望。因此，我要走的路線是培養與總理身邊親人間的友誼。我要把孫、宋、蔣三家緊密地連結起來。」而宋家也顯示對蔣介石的興趣，以至於有一次藉由「品嘗乳鴿」的名義，邀請蔣、陳二人赴宴，並對先到的陳潔如詢問諸多有關蔣介石的事蹟，例如：與毛福梅關係如何？與姚冶誠關係如何？平時與介石的互動愉不愉快？

如果陳潔如說話屬實，宋家對於第一次見面的「蔣夫人」，就多方打聽家庭祕辛，的確相當反常（或可說過於八卦了），從後見之明推斷，蔣與宋對彼此都開始暗送秋波。

這時有個問題浮現，為何雙方是在一九二六年開始增加交集？因為這一年蔣介石做了一件人生大事——領導國民革命軍北伐！在此之前，蔣介石雖然是中國國民黨逐漸崛起的政治新星，但地位不算頂尖（根據陳潔如的說法，孫文剛逝世時，蔣介石在黨內地位最多排第七，前面既有軍隊中的老長官，也有來自外省的軍閥）。但在北伐前夕，蔣介石已成為國軍領導的第一人，隨著北伐的連戰連勝，蔣介石的地位甚至隱然有封頂的趨勢，所以這時任何人看蔣介石，都會感到今非昔比的重視。

但也在北伐進展的同時，國民黨陷入政治內鬥的亂局。

簡單來說，中國國民黨乃至黃埔軍校的成立，源自與孫文接受蘇聯援助並與中國共產黨合作「聯俄容共」的政策。不過蔣介石對共產勢力抱持高度懷疑，而國民黨堅持容共政策的勢力則覺得掌握軍權的蔣介石愈加不受控。於是就在北伐期間，國民黨的親共勢力決定免去蔣介石的諸多職務，而蔣介石不甘示弱地拒絕交出兵權，甚至發動剿滅共產黨的「清黨」行動，國民黨一時之間分裂成反共的南京陣營和親共的武漢陣營，史稱「寧漢分裂」。此時蔣介石雖是統帥大軍的總司令，但他急需物資供養軍隊，還要政治上的奧援，才能與武漢陣營對抗。而有一個人能立即解決諸多問題，就是宋美齡。

宋美齡的家族，經商業務包含貿易、麵粉、印刷、煤礦、銀行、教育等諸多產業，而且有錢人會與有錢人來往，宋家支持哪個陣營，該陣營就能獲得江浙地區眾多富豪的支持。同時，宋家是革命勢力的元老，更有孫文這位女婿，在國民黨內部擁有極為特殊的重量級地位，是寧、漢陣營都急欲爭取的對象。

況且撇除宋美齡背後的家族勢力完全碾壓僅是上海紙商後代的陳潔如，兩人的個人條件也差距甚遠。不提相當主觀的外貌，陳潔如在回憶錄中，很自豪有襄贊蔣介石事業的能力，但與宋美齡相比，她僅是一個略懂外文的女中學生，宋美齡則是美國衛斯理學院文學系畢業，同時在宋家培養的政治眼界，讓她後來還能做為隱形的外交大使出國爭取國際支持；而蔣介石嫌棄陳潔如的家務能力，對宋美齡來說更不成問題，她有的是錢，請一堆僕人，根本不用操心家務事（好像又回到家世背景，但不得不承認，有時家世真能讓個人素質有遠超一般人的提升）。

不過要迎娶宋美齡，必要條件是解除所有婚姻關係，畢竟宋家篤信基督教，堅持西方的一夫一妻制，於是有一天，蔣介石向陳潔如攤牌：「我現在請妳幫助我，懇求妳不要反對。真正的愛情，究竟是要以一個人甘願做多大的犧牲來衡量的！避開五年，讓我娶宋美齡，獲得繼續推進北伐所需要的協助。」

陳潔如心碎的同時，還感到極度憤怒，分明是為了自己的權勢及欲望，居然還反過來用愛情要求別人！

按陳潔如的說法，宋家還殺人誅心地要求陳潔如不只是結束與蔣介石的婚姻，還必須出國遠離眾人，蔣介石轉述這項要求時，還賭咒發誓：「我答應自今年起的五年之後，與潔如恢復夫妻關係。如我違背誓言，任憑佛祖罰我和我的南京政府，如我在十年或二十年內不履行我對她的義務，任憑佛祖毀滅我的政府，並將我永遠放逐國外。」

說個笑話，後來蔣介石為了迎娶宋美齡，答應宋媽媽改信基督教，所以他可能當時根本不把佛祖當一回事。

再說個笑話，蔣介石沒有重新迎回陳潔如，他在一九四九年國共內戰戰敗，以至於撤退到臺灣並未能再重回故鄉。（究竟是我佛顯靈懲罰渣男？還是陳潔如看到日後時局發展後誕生的一面之詞？就交由各位看官去判斷了。）

故事終於回到文章最初的開頭，一九二七年，蔣介石登報表明自己已是單身，然後在十二月一日，與宋美齡在上海結婚。

陳潔如則在留學五年後歸國，並於晚年撰寫回憶錄，內容絕對勁爆（包含蔣介石有性病，連累自己終身不孕），雖然諸多內容值得存疑，但已是少數蔣介石伴侶寫下的成體系紀錄了。

根據各方說法，蔣介石相當尊重宋美齡，夫妻之間的感情也相當恩愛。甚至蔣介石還把總統專機取名為「中美號」，就是為了紀念蔣「中」正與宋「美」齡之間的感情，真的是放閃的最高體現。

或許是宋美齡本身強悍獨立的性格足以讓她駕馭脾氣大的蔣介石，也或許是蔣介石終於找到真愛，因此變得比以往包容溫柔，但在此前，他生命中前三位「蔣夫人」，或許也代表時代的演變，以及蔣介石在男女感情觀上的變化。

從毛福梅，最初傳統婚姻忽視個人意願的束縛；到姚冶誠，傳統社會男性可以在姬妾上選擇任性而為；再到陳潔如，出身於頗為西化的成長背景。蔣介石的擇偶標準不斷改變，但不變的悲哀是，他當時不算是個好丈夫，導致他與伴侶都陷入不同程度的痛苦中。

如果可以，相信蔣介石本人會想避免過往造成的遺憾。我寫下三段失敗的感情經歷，最大的目的不是要斥責誰，畢竟感情如此主觀，旁人豈能輕易評斷是非？而是希望即便人們不容易從歷史中學到任何教訓，但如果以上往事真的能打動讀者內心，或許其中某些遺憾能有機會避免重複上演吧！

文之章

婚姻中的好好先生，感情中的多情浪子

胡適與他的月亮

相信大家對「胡適」這個名字並不陌生，畢竟他是歷史課本一定會提到的白話文運動推廣者，也是國文課本中喊出：「涼什麼？老子都不老子了。」然後被媽媽舔眼睛的死小孩。

相比才子渣男徐志摩，本來已經按照父母的意思和張幼儀結婚，結果看到林徽因就小鹿亂撞到逼著髮妻墮胎、離婚，後來追求夢中情人失敗後，居然「綠了」自己的朋友，上演千夫所指的橫刀奪愛。

還有像留學法國的性學大師張競生，也是不情願地完成父母的包辦婚姻，但在留學期間「解開束縛」，在多情的法國，女友一個接著一個換，雖然表面遵守婚姻，但從不放棄男人天性。

胡適與上述兩位不同，他與髮妻相守一生，甚至自封「PTT」（怕太太）俱樂部的會員，號稱好男人應遵守「新三從四得」，就是「太太出門要跟從、命令要服從、錯了要盲從；是太太化妝要等得、生日要記得、打罵要忍得、花錢要捨得」，展現出從一而終且溫文儒雅的小男人形象，可謂感情世界中的一股清流……

真的是這樣嗎？

雖然沒有好友徐志摩那麼驚天動地，但胡適的感情生活也絕不簡單。有本書叫《星星、月亮、太陽：胡適的情感世界》，我本以為這是指胡適生命中有三位過從甚密的女性，後來才發現真是想得太簡單了！

所謂「太陽」，是指感情世界核心的胡適；「月亮」是指三位特別密切的女性；「星星」則是數不清有多少和他搞曖昧的對象呀！

既然胡適頗為風流，為何他卻成為民初文人中，能與髮妻白首偕老的代表人物？我們不妨先撇去若隱若現的繁星，專注三顆明月與他的感情糾葛，來看好好先生究竟如何煉成。

韋蓮司——異鄉的紅顏知己

出生於一八九一年的胡適，四歲就喪父。

多提幾句，胡適的父親胡傳曾擔任臺東直隸州的代理知州，現在臺東的鐵花村就是為了紀念胡傳，而胡適幼年就隨父親來過臺灣，後來胡傳因清朝將臺灣割讓給日本，準備返回故鄉，結果走到廈門就病重過世。多年後，胡適跟隨中華民國政府來到臺灣並度過餘生，只能說胡適與臺灣真的很有緣分。

十三歲在母親安排下，與遠房親戚江冬秀訂婚，隨後去外地求學，並在一九一〇年獲得公費留學美國的資格。

以上經歷幾乎都是清末民初新知識分子的共同處境，就是「背負父母的包辦婚姻，但心懷西方的自由戀愛」。於是胡適適應美國生活後，於一九一四年認識了紅顏知己

胡適，時年約二十六歲

艾迪絲・克利福德・韋蓮司（Edith Clifford Williams）。

兩人相識時，胡適二十三歲、韋蓮司二十九歲，女方在當年已是大齡剩女，但這一點都不妨礙胡適對她青睞有加。根據胡適的留學日記，他如此描述韋蓮司：女士為大學地質學教授韋蓮司（H. S. Williams）之次女，在紐約習美術；其人極能思想，讀書甚多，高潔幾近狂狷，雖生富家而不事服飾；一日自剪其髮，僅留二、三寸許，其母與姊腹非之而無可如何也，其狂如此。

余戲謂之曰：「昔約翰・彌爾（John Stuart Mill）有言：『今人鮮敢為狂狷之行者，此真今世之隱患也。』（吾所謂狂狷乃英文之 Eccentricity），狂乃美德，非病也。」女士謂：「若有意為狂，其狂亦不足取。」余亦謂然。

大意就是韋蓮司「明明可以靠家世，偏偏就是靠才學」，平時不太重視打扮，有時隨便到自己家人都覺得無言以對。（事實上，韋蓮司平常穿的衣服，一穿就是數年不易，帽子就算有點破損也照戴不誤，當別人對她指指點點，覺得她真是個怪人，韋蓮司反嗆：「你們看到那些每天變造型，硬要爭奇鬥豔的女人，就不覺得奇怪？」）胡適則覺得韋蓮司自然且毫不做作的天性，兼具自主獨立的思想，乃是「具思想、識力、魄力、熱誠於一身」，並為此深感著迷。

其實就算是在最先進的美國，韋蓮司也是最前衛且率性而為的特別存在，所以胡適曾告訴韋蓮司：「也許妳不知道，在我們交往之中，我一直是個受益者。妳的談話總是刺激我認真思考。『刺激』（stimulate）這個字不恰當，在此應該說『啟發』（inspire），我相信思想上的互相啟發才是一種最有價值的友誼。」

不過，就算再怎麼情人眼裡出西施，有些事情還是超出胡適能接納的極限，就是韋蓮司的專業——藝術。

前面提到，韋蓮司即便身處美國，也是眾人中最為前衛的那一位，這反映在她的藝術風格。她是「獨立藝術家協會」的會員，後人尊稱她為美國抽象藝術運動的早期先驅之一。像在二十世紀初，當時有藝術家認為古典藝術只著重在視覺，卻忽略觸覺也是感官之一，所以提倡「觸覺主義」，讓藝術能突破五官以外的感受，而法國藝術家弗朗西斯・畢卡比亞（Francis Picabia）就認為韋蓮司是觸覺藝術的開山始祖，由此可見她超前的創意。而當韋蓮司創作出新作品，自然毫無保留地向親密對象展示。

一九一五年十一月六日的信件中，胡適這麼對韋蓮司分享：「一想到因為我不能了解妳的畫，讓妳感到非常失望，這讓我極為痛苦。」看起來胡適很自責對藝術一竅不通，相信當女友展示最自豪的事物，男生卻像個木頭一樣無法理解，彼此都會相當失落吧！

隔天，胡適又寫了一封信：「我回去睡覺以前，得把這些話說出來，否則我怕又睡不好覺。雖然這不是一個夢境的敘述，但卻是由一個惡夢起頭的，那個夢魘就是妳的第一幅畫。我看了以後，有如鬼魅附身，有種被勒住和窒息的感覺。醒來以後，我又試著去回想那張畫。我很驚訝，閉上眼睛所看到的那張畫竟線條色彩如此分明，而這個鮮明的形象又帶給我被勒和窒息的感覺……」

我必須說，胡適的敘述非常吸引人，最起碼讓我對韋蓮司的畫產生強烈興趣，到底是什麼樣的畫能讓人做惡夢？甚至產生窒息感？是胡適不懂得欣賞？還是韋蓮司其實是個邪典藝術大師？

非常可惜，韋蓮司流傳後世的畫作不多，除了極少數的當事人，我輩後人大概很難窺見那幾幅讓胡適產生強烈共鳴的作品了。胡適的直言相告，或許有人認為他根本是鋼鐵直男且毫無求生欲，但換個角度想，是否也代表他對韋蓮司的誠摯毫無保留呢？

正所謂「相見時難別亦難」，除了把握與韋蓮司每一個見面相處的時刻，胡適還在留學期間寫了三百多封信給韋蓮司表達想念，像是一九一五年一月二十四日，胡適寫信給韋蓮司：「我真懊惱，由於我的粗心大意，昨晚竟沒能和妳在一起度過。我衷心地感謝妳，為我所花寶貴的時間，從妳我的談話和相會中，我感到非常快樂。」

隔天，胡適又寫信給她：「雖然在過去四十八小時之內，我已寫了兩封信和一張明信片給妳，但我還是忍不住要寫這封信。」

就像《齊天大聖東遊記》裡，至尊寶在昏迷之際叫了紫霞仙子的名字七百八十四次，胡適這麼密集寫信給韋蓮司，可見韋蓮司一定欠了胡適很多錢⋯⋯不是啦！我是說韋蓮司在胡適心中有非常親密的地位。

能在異鄉尋見紅顏知己，胡適曾詩興大發地創作一首〈臨江仙〉：「隔樹溪聲細碎，迎人鳥唱紛譁。共穿幽徑趁溪斜。我和君拾葚，君替我簪花。更向水濱同坐，驕陽有樹相遮。語深渾不管昏鴉，此時君與我，何處更容他？」字句間不難看出胡適沉醉在兩人世界的粉紅色浪漫氛圍中。

同時他也難掩興奮地對故鄉的母親分享：「韋夫人之次女為兒好友，兒在此邦所認識之女友以此君為相得最深。女士思想深沉、心地慈祥、見識高尚，兒得其教益不少。」胡媽媽看到信件，心中警鈴大作：「女友？你在美國那麼久都不回來，難不成就是為了處對象？你忘記自己還有老婆嗎?!」

於是胡媽媽在一九一五年八月二十八日寫信告訴胡適：「外間有一種傳說，皆言爾已行別婚。爾岳母心雖不信，然無奈疾病纏綿，且以愛女心切，見爾未宣布確實歸期，子平之願，不知何日方了。」這種「我沒有很相信，但你要不要」的口吻，就是在表達「根本懷疑你有鬼呀」！

面對母親看起來像責問，實際上就是責問的信件，胡適連忙回覆：「兒久已認江氏之婚約為不可毀、為不必毀、為不會毀……（中略）……兒久已自認為已聘未婚之人，兒久已認冬秀為兒未婚之妻。故兒在此邦與女子交際往來，無論其為華人、美人皆先令彼等知兒為已聘未婚之男子。兒既存擇偶之心，人亦不疑我有覬覦之意。故有時竟以所交女友姓名事實告知吾母。正以此心無愧無作，故能坦白如此。」

雖然鄭重承諾絕不悔婚，但胡適對於傳統婚姻可是嫌棄得一塌糊塗，甚至毫不介意地向韋蓮司抱怨。首先提到面對父母之命的態度：「在家庭關係上，我站在東方人這一邊，主要是因為我有一個非常非常好的母親，她對我的深恩無從報答。我長時間離開她，已經使我深感愧疚，我不能硬著心腸來違背她。」

之後提到妻子江冬秀，他毫不客氣地說：「她連寫封短短問候的信都有困難，閱讀能力也很差，在寒暄的信中無法傳達思想。我早已放棄讓她來做我知識上的伴侶了，這當然不是沒有遺憾的。」

該來的總歸要來，一九一七年，胡適完成學業歸國。他與韋蓮司懷著對彼此的愛慕做告別，不過兩人並非緣盡。除了日後胡適還會多次造訪美國，他其實在中國也依舊寫信給對方保持聯繫，其中包含在新婚時，胡適告訴韋蓮司（這傢伙真是完全不顧及女方想法盡情抒發心情）：「我結婚已經七個多星期了，還沒向妳報告這件事。高興地告訴妳，我妻子和我都相當愉快，而且相信往後能相處得很好。」

韋蓮司在回信中向他祝賀，只是此刻還相當克制的她，完全沒意識到自己藏在內心深處的愛意，這份情感沒有隨著時間消退，反而醞釀成愈發濃烈。

江冬秀——粗中帶細的髮妻

胡適歸國後，完成延宕十多年的婚約，現在終於可以好好介紹江冬秀。

她雖然是裹著小腳且大字不識幾個的傳統女性，但知道未來丈夫是新知識分子，而且在寄回來的家書中曾叮囑自己在讀書、寫字上多下點功夫，所以江冬秀也努力做出改變。

她放棄纏足，雖然無法恢復原貌，但使她從「小腳」放大成「中腳」，然後江家為她延師課讀，使她進步到足以寫信給遠在大洋彼岸的未婚夫。雖然歷史學家唐德剛吐槽，江冬秀即便到了晚年還是錯別字連篇，但也顯示即便出醜或煎熬，她仍賣力想讓自己更配得上胡適。

好不容易在經歷十多年光陰和相隔萬里距離的等待，江冬秀終於與胡適完婚。美中不足的是，胡適很快被北京大學催促趕緊返校授課。於是兩人僅度過一個月的新婚生活，隨著胡適北上就職，夫妻很快又分隔兩地。

等待江冬秀搬往北京的空窗期，胡適寫很多書信給妻子，其中不乏表達親密的情詩。其中一首內容為：

十幾年的相思剛才完結，
沒滿月的夫妻又匆匆分別。
昨夜燈前絮語，全不管天上月圓月缺。
今宵別後，便覺得這窗前明月，
格外清圓，格外親切！
妳該笑我，飽嘗了作客情懷，別離滋味，
還逃不了這個時節！

江冬秀接到情詩，則滿懷欣喜但又羞怯地回信：「二函收到，深為歡喜。此詩從頭細看一遍，又再看一遍。笑話，此詩只有夫婦說說笑話，千萬不可與別人看……」

寫到此處，各位是否會想：「胡適婚前對傳統婚姻哀嚎連連，其實卻樂在其中，當真是嘴巴說不要，身體卻很誠實呀！」

我告訴各位，婚後僅半年，胡適曾寫信給叔叔胡近仁：「吾之就此婚事，全為吾母起見，故從不曾挑剔為難，若不為此，吾絕不就此婚。（此意但可為足下道，不足為外人言也。）今既婚已，吾力求遷就，以博吾母歡心。吾所以表示閨房之愛者，亦正欲令吾母歡喜耳。」

胡適與江冬秀

我覺得用一句話可以表達胡適此時的心境：「結婚以前，我覺得自己受不了傳統婚姻，結婚以後才發現果然如此！」

為何胡適對自己的婚姻感到如此哀怨？除了他先前抱怨過江冬秀學識涵養太低，另一個原因則是江冬秀相當凶悍。

有多凶悍呢？把時間快轉到江冬秀晚年，有段時間她與胡適旅居美國紐約。有天胡適外出，只有江冬秀一人在廚房燒飯，想不到一個彪形大漢的黑人從防火樓梯破窗而入，面對不懷好意的悍匪，當時已經六十多歲的江冬秀，只是走向公寓大門並把門打開，接下來衝著悍匪大喝：「GO！」結果悍匪真的摸摸鼻子離開，估計是被江冬秀那河東獅吼的氣場震懾住了。

持刀搶匪遇到江冬秀都認栽，身為文弱書生的胡適面對悍妻，當真隨時都感到心驚膽戰。胡適生肖屬兔，江冬秀屬虎，旁人甚至取笑小白兔遇到母老虎，當然被吃得死死的。一段婚姻如果只靠恐懼維繫，斷然無法長久，江冬秀雖然強悍，但她心中極為關切胡適。

正所謂「要抓住男人的心，就要先抓住他的胃」，只要有江冬秀在，胡適永遠不缺美食，其中就有他的最愛——一品鍋。

所謂「一品鍋」，採用「單鍋層疊、同鍋雜燴」的做法，將眾多食材堆在一口鍋內，最上層鋪蛋餃，其次放置葷菜（江冬秀往往放置雞、鴨、豬腳等食材），最下層則是墊鍋的素菜（如蘿蔔絲、干豆角、筍絲、冬瓜、冬筍等）。隨著熱火熬煮，肉類的油脂及鮮味會滴落至素菜，讓最後吸飽湯汁的素菜成為匯聚精華的美味。

一品鍋不僅滿足胡適的味蕾，還成為他交際應酬的幫助。胡適是相當好客的人，在北京大學教書時，時常在家中請客吃飯，而且是只要願意拜訪的人，就算是晚輩也來者不拒。像當年還是窮學生的毛澤東，就不只一次拜訪胡適，一方面討教、一方面蹭飯，完成知識及胃口的雙重滿足。而鍋類料理能讓人圍坐共享的特性，就讓胡適的宴席顯得熱鬧且親近。

說到好客，江冬秀往往會為丈夫送上神助攻，例如有次胡適的朋友詢問她哪裡買到皮襖，好做為父親的生日禮物，過了幾天，江冬秀就花了四十元買好皮襖直接請人送過去。朋友非常感動，胡適除了有面子，也感受到妻子照料他生活各方面的溫暖。

總之兩人的婚姻生活雖沒有盡善盡美，但也能在湊合中逐漸生出特殊的情誼。有一次江冬秀寫信給正在養病的胡適，內容為：「我今天拿了你寄給我的扇子，我偶爾想起今天又是七月七日了，我們五、六年前多麼高興，這幾年來，我們添了三個兒女，你老了四、五歲年紀了。」這段話如果拿去給國文老師批改，一定會被批說詞不達意，但身為文學大師的胡適，知道這是原先大字不識一個的妻子，為了他努力惡補學問後，全力拿出的成果，因此他感慨道：「病中得她書，不滿八行紙；全無要緊話，頗使我歡喜。」

一切看似步入正軌，但就在胡適養病期間，意外悄然臨到。

曹誠英——胡適無法抹去的激情

胡適之所以會去養病，是因為在一九二三年，除了身患腳氣病，痔瘡也發作得相當厲害，使得他暫離課務繁重的北京，南下至杭州療養。

由於家中還有孩子，江冬秀無法陪同，不過親戚安慰她，說杭州還有一位親戚可以幫忙照顧胡適，這個本來讓江冬秀安心不少的消息，日後卻成為讓她氣惱的噩耗。

這位親戚的名字叫曹誠英，字珮聲，她是胡適三嫂同父異母的妹妹……我知道這個親戚稱呼會讓大家感到頭痛，好在她與胡適的關係用簡單的兩個字就能解決，就是「表妹」。（所謂「一表三千里」，大概就是個意思。）

早在胡適與江冬秀的婚禮上，胡適與曹誠英就第一次見面了，當時年僅十五歲的曹誠英擔任其中一位伴娘。之後兩人雖有書信往來，但交集不深（曹誠英甚至曾在信中表示胡適大半年沒有回信給她）。畢竟相隔一、兩年，曹誠英也步入婚姻殿堂。但這段婚姻只維持數年，就在一九二三年以離婚告終。

正當曹誠英還為婚姻失敗而黯然神傷之際，卻聽到表哥胡適要來杭州養病，為了照應親戚，同時也讓自己散心，便前去照料胡適的生活起居，卻意外走進他的感情世界。

見面初期，兩人曾與友人一起共遊西湖，胡適特別寫文紀念：「十七年夢想的西湖，不能醫我的病，反使我病得更厲害了！然而西湖畢竟可愛。輕霧籠著，月光照著，我的心也跟著湖光微蕩了。前天，伊卻未免太絢爛了！我們只好在船篷陰處偷覷著，不敢正眼看伊了……」

很多人認為胡適明面是寫風景，但有道是「最美的風景是人」，這裡的西湖很有可能就是曹誠英。事實上，在此期間，曹誠英寫信給胡適的稱呼也變了，以前會叫他「適兄」，如今卻寫作「糜哥」，透露兩人關係迅速升溫。

四月來杭州，五月遊西湖，到了六月，胡適決定在西湖畔的煙霞洞租屋，而曹誠英則以侍候的名義與他同居。

兩人的關係可從徐志摩寄給胡適的信件略知一二：「蔣復璁回來說起你在煙霞深處過神仙似的生

胡適（右二）與友人出遊，右一為曹誠英

活……（中略）……適之，此次你竟然入山如此之深，聽說你養息的成績不但醫痊了你的足疾，並且腴滿了你的顏面，先前受損如黃瓜一瓢，如今潤澤如光明的秋月，使你原來嫵媚的談笑，益發取得異樣的風流。」

如果說上述信件還處於看破但不說破的揶揄，後來徐志摩索性在另一封信直接把話挑明：「曹女士已經進校了沒有？我真羨慕你們山中神仙似的清福。」

重點是，胡適還把曹誠英與他同居並悉心照料的消息告訴遠在北京的江冬秀，當然他絕不會說自己已經陷入愛河，所以不知詳情的江冬秀居然還回信表示：「昨天接到你的信，知道你有煙霞洞這個好地方，我很贊成。」還說：「珮聲照應你們，我很放心。」

她沒想到曹誠英照應得「真好」，照應到胡適身體健康，心思活絡了，婚外情也迸發出來了！畢竟與村婦出身的江冬秀相較，就讀杭州女子師範學校的曹誠英與胡適在精神及志趣上，自然更為契合。等到胡適要返回北京時，他已經下定決心向江冬秀攤牌，讓自己的婚姻可以一代新人換舊人。

胡適在美國留學期間曾寫信告訴媽媽：「今之少年往往提倡自由結婚之說。有時竟破壞已訂之婚約，致家庭之中齟齬不睦，有時其影響所及，害及數家，此兒所不取。」

如今準備離婚的胡適，完全忘記當年的理直氣壯，或許正是因為「母親」這個權威已經不在，胡適才敢對傳統婚姻生出斷絕的念頭。

回到北京家中，胡適向江冬秀提出離婚，江冬秀不聽則已，一聽勃然大怒。她從廚房拿起菜刀說：「離婚可以！我先把兩個孩子殺掉！我同你生的孩子也不要了！」

事情發展到此處，我覺得韋蓮司在一九三一年寫給胡適的書信，實在將事情說得透徹：「有一件我不該說但又要說的事，就是那坑人的制度現在多了一個可憐的第二個受害者（第一受害者是胡適，第二位是江冬秀），一個為了盡本分而結婚的女性所處的悲慘地位；她毫無疑問地是愛戀、崇拜，但又絕望地嫉妒著那個做了這件事的男人。她沒有其他生涯，而他有許多；她沒有許多愛人，而他則太多。」

表面上來看，這是江冬秀用她的強勢，甚至是不講理威脅丈夫，但實際上她才是弱勢的一方，唯一能威脅男方的手段只剩共同生育的孩子。除此之外，無論是社會地位或經濟實力，她沒有任何一項能與男方相提並論，講難聽一點，胡適離婚後，可以和新的愛人再結連理，而江冬秀被離婚後，又能何去何從？估計只能以孤家寡人的身分過完餘生。（可以看看蔣介石的元配毛福梅，她與江冬秀都是只懂照料家事的傳統婦女，而被丈夫離婚後，只能得到人們聊勝於無的同情。）

面對江冬秀的威嚇，曹誠英與胡適的熱戀只能戛然而止，這讓兩人都感到深深的遺憾。胡適曾賦詩多首，表達求而不得的眷戀及苦楚。如〈祕魔崖月夜〉：

依舊是月圓時，依舊是空山，靜夜；
我獨自月下歸來，這淒涼如何能解！
翠微山上的一陣松濤，驚破了空山的寂靜。
山風吹亂的窗紙上的松痕，吹不散我心頭的人影。

或是〈多謝〉：

多謝你能來，慰我山中寂寞。
伴我看山看月，過神仙生活。
匆匆離別便經年，夢裡總相憶。
人道應該忘了，我如何忘得。

胡適感嘆他「如何忘得」，其實即便被斬斷情緣，他仍與曹誠英保持往來，當然忘不掉。

曹誠英在一九二五年七月八日寫信給胡適，文末道：「糜哥！我愛你，刻骨地愛你，我回家之後，仍像現在一樣地愛你，請你放心。冠英絕不能使我受什麼影響。對於你，請放心！天黑了，電燈壞了，一點也看不見寫了。祝我愛的糜　安樂！」

同年十月底，胡適與曹誠英及其他友人共遊南京雞鳴寺，並在之後寫下詩詞〈好事近〉：「多謝寄詩來，提起當年舊夢。提起娟娟山月，使我心痛。殷勤說與寄詩人，及早想忘好，莫教迷疑殘夢，誤了君年少。」

甚至到一九三四年，當曹誠英準備去美國康乃爾大學農學院深造。胡適還特別寫信給韋蓮司，請她多多關照：「我很冒昧地向妳介紹我的表妹曹誠英。她正擬去美國進研究所學育種學……（中略）……她是個自費生，由她在天津北洋大學教書的哥哥資助她。（因此）她得節儉過日子，還得學口語英文，妳能在這兩方面給她一些幫助和引導嗎？」

比起事後不理的渣男，胡適對舊情人是真的關切，但站在江冬秀的角度，丈夫一直關注外遇對象，簡直不知好歹。而胡適拜託曾有情愫的韋蓮司照料他的另一個女友，我都不知是天生善良，還是物盡其用。但從他只對韋蓮司介紹曹誠英是表妹，沒有多介紹他們之間的來歷，證明胡適有自覺所作所為相當見不得光吧？

情海翻騰下的各自際遇

各位應該有注意到，胡適與曹誠英藕斷絲連並非特例，在此之前，他與韋蓮司保持更長久的互動往來。像是胡適會在韋蓮司生日時寄信祝賀，其中一封信寫道：「我寄這封信祝願妳每逢（四月）十七日這一天，都有一個快樂的生日。『十七』無疑是我最愛的數字，我生在一八九一年十二月十七日，我的小兒子也生在十二月十七日，而妳的生日又剛好是個十七。我是十三年以前知道妳的生日的，從此，一直不曾忘記過。」

不得不說，胡適其實挺會「撩人」，問題是都已經有老婆了，卻每年特地寫帶有親暱內容的信給其他女性，真的沒問題嗎？

可別和我說「或許男女之間真的有純友誼」，因為韋蓮司後來在一些回信中，也暴露她對胡適的深情。

不知是否「小別勝新婚」，胡適留學時期，韋蓮司與他的互動，雖然難以隱藏從曖昧透露而出的甜蜜，不過兩人都知道男方有婚約，因此相當克制。可是等到胡適歸國完婚，韋蓮司反而跨不過感情那道坎。

很多年後，她寫信給胡適：「我今天重讀舊信，讀到那封宣布你即將結婚的信，（一九一七年十一月二十一日，我不能說，我是懷著愉快的心情，企盼著我們的婚禮，我只是懷著強烈的好奇，走向一個重大實驗。）又再次地讓我體會到，對我來說那是多麼巨大的割捨。我想，我當時完全沒有想和你結婚的念頭。然而，從許多方面來說，我們（在精神上）根本老早就已經結婚了。因此，你回國離我而去，我就整個崩潰了。」

她甚至有向胡適表白：「胡適，我愛你！我不喜歡悄悄地這麼說，我怎麼能以此為榮呢？我是個很卑微的人，但是你應該愛我。有時，你的愛就像陽光中的空氣圍繞著我的思想，見不到蹤影，但我必須相信它的存在。」

話說到此處，如果兩人還不發生點事，似乎對不起圍觀歷史的讀者吧？偏偏韋蓮司儘管已經挑明對胡適的情愫，但她依舊堅持道德的底線。她曾說：「我在信中不會寫任何東西是對你妻子不忠實或不體貼的。你妻子一定是非常愛你的，把你看作是我少有的一個好朋友，這並不是對你妻子的不忠。」（兩相比較，反而是胡適在與曹誠英的互動中，沒有為自己的婚姻踩住煞車。）

明明愛慕，卻要克制；既期待與胡適的往來，卻要刻意保持界線，我想韋蓮司在很長一段時間，都在感性及理性間來回掙扎，無怪乎她對胡適感嘆：「讓你走，是如此的艱難，老友……但是你留下來也不會有什麼好結果。」

韋蓮司一生未婚，她與胡適互動超過五十年以上，只要胡適造訪美國，必定拜訪韋蓮司；甚至胡適擔任駐美大使，與髮妻江冬秀定居美國的期間，韋蓮司還負責幫助江冬秀適應異鄉生活，她也因此對韋蓮司頗為感激。胡適過世後，韋蓮司還整理相關文件及書信，協助江冬秀為先生完成傳記。

一九五六年，韋蓮司應江冬秀請求，為自己寫下簡單的自傳。自傳的最後，韋蓮司這麼說道：「我是一個極害羞的人，而實際上又沒有任何重要性。我非常希望不要公開我的身分，我無非只是一個幸運的胡博士書信接收者，而這批書信也生動地取代了日記。」不求結果，只願相互理解和支持，韋蓮司對胡適的情真意切，讓人尊敬且動容。

至於讓胡適一度打破道德界線的曹誠英，後來在康乃爾大學取得碩士學位，回國後成為中國農學界的第一位女教授。如此有才情的新時代女性，自然不乏追求者，她都明確拒絕，只因她心有所屬，即便無法修成正果，但真心永不改變。如此情意，在她寫給胡適的詩詞中展露：「魚沉雁斷經時久，未悉平安否？萬千心事寄無門，此去若能相遇說他聽。朱顏青鬢都消改，惟剩痴情在。廿年孤苦月華知，一似棲霞樓外數星時。」

一九四九年，當時國共內戰即將落幕，胡適決定跟隨中華民國政府遷往臺灣，臨行前，曹誠英曾勸他留在中國大陸，但胡適依舊選擇離開故鄉，這也是兩人最後一次相見。

一九七三年，曹誠英因肺癌病逝於上海。據說在這之前，她將一生的文件、書信、日記交給友人保管，並囑咐要在她死後焚毀，許多往事自此成為祕密。而病重彌留之際，她請求把骨灰葬在績溪老家旺川村頭公路旁。那裡是通向胡適老家上莊村的必經之路。或許曹誠英想著：「糜哥，你總有回家的那一天吧？即便我將離開人世，但我將在那等你，看見你歸來的那一刻。」

至於江冬秀，她嫁雞隨雞，善盡妻子的職責，始終陪伴及支持丈夫。

歷史學者唐德剛曾有機會與一度暫居美國的胡適相處，據他回憶，胡適依舊不改早年好客的習慣，時不時邀請他來家裡吃飯，而江冬秀也會展現廚藝，好好款待丈夫請來的客人。

正因與胡適多有來往，唐德剛有機會見識胡適夫妻晚年時期的相處。他對江冬秀的回憶是常常日以繼夜地打麻將，原因無他，一位中國老太太困居紐約，言語不通，又無人代為開車訪友，在異鄉實在太無聊，麻將就成為唯一的消遣。而當江冬秀在牌桌爭戰之際，胡適從不阻止，不是識趣地躲到書房，就是在旁伺候，有時牌搭子不夠，他還會加入牌局。

曾有年輕一輩吐槽唐德剛：「胡適先生的太太怎麼如此粗俗？配不上他呀。」唐德剛反過來教訓晚輩：「你別小看人家，胡師母是位厲害人物！」

或許江冬秀出身平凡，學識涵養也偏低，但她卻是傳統婦女當中，相當具有獨立意識的存在。相比孫文、蔣介石的元配，面對男方選擇一味委屈承受，江冬秀在關鍵時刻懂得為自己發聲（儘管方式相當粗暴），這才讓婚姻得以維繫。

當然，這要多虧胡適溫和謙讓的個性，要是換成暴躁霸道的蔣介石，或是自我中心到極致的徐志摩，江冬秀再強悍，在清末民初那個女權遠比今日低微的時代，恐怕也是徒勞無功。

胡適與江冬秀之所以能白首偕老，有賴於兩人性格上的互補，當然他們的婚姻生活不全然圓滿，但兩人各自找出彼此能將就的平衡點，並在多年相伴下，最終培養出旁人無可取代的親情，成為別人眼中獨樹一格的老夫老妻。

蔣介石曾評價胡適為「新文化中舊道德的楷模，舊倫理中新思想的師表」，顯示胡適新舊交雜的調和之道，這不只適用於他的文學及思想成就，在感情生活也同樣如此。他反對傳統婚姻，卻終生沒有打破；他崇尚自由戀愛，但在互動上謹慎自守；他曾經激情過，但更想要息事寧人。

而在胡適的吸引力下，江冬秀、韋蓮司、曹誠英，乃至更多與胡適往來甚密的女性，在愛情世界中展現各自的特色。

我不知道其他人會如何評價這當中的情愛糾葛，只能透過威廉·莎士比亞（William Shakespeare）的名言：「境由愛造？還是愛逐境遷？」發出一聲感慨：「愛情如此複雜，以至於迷人到令人羨慕……或是心碎。」

超越時代卻脫不去俗世悲歡

性學大師張競生的婚姻故事

清末民初，接受過西方教育的新知識分子，在當年是極為前衛的存在。例如魯迅透過《狂人日記》諷刺傳統禮教：「四千年來時時吃人。」這話放在當年可謂驚世駭俗。但就是這麼領先時代的魯迅，也被同時代另一個更超前的人震撼到難以接受，他曾寫信給妻子許廣平說：「至於張先生的偉論，我也很佩服……但要實施大約當在二十五世紀。」

這位被魯迅認為超前時代五百年的張先生，就是震撼民初兩性話題的張競生。

張競生，字公室，出生於一八八八年（清光緒十四年）。他在民初被尊稱「性學大師」，也被痛斥為「賣春博士」，因為在二十世紀初期，民風仍極為保守的中國，他就積極研究性行為。像是他曾公開徵求志願者分享性經驗，並集結成《性史》一書；後來又積極研究「第三種水」，就是女性在性交愉悅時會出現的潮射（俗稱潮吹）。

張競生

我相信簡介張競生的研究成果時，說不定已有人緊皺眉頭，畢竟直到今日，華人對於「性」依舊盡量避而不談，因此不難想像百年前的中國，張競生何止超前？簡直就是特立獨行的存在。

「痛快地生活、情感地接觸、愉樂地享用。」這是張競生的生活哲學。這位超前且灑脫的知識分子，他的感情生活究竟有何經歷？是否身體力行地開放且前衛呢？

從壓抑到解放

張競生的第一段感情非但不浪漫，還相當平凡，畢竟他出生在清末，也在「父母之命，媒妁之言」的時代中，十歲就與八歲的許春姜訂婚。十七歲準備離鄉讀書前，奉長輩之命結婚。

張競生在半自傳散文集《浮生漫談》，記錄他成婚那日對新娘的觀感是：「她的容貌雖未像某先生所說的那樣，如猴子一樣尊榮，但我的這一位矮墩身材、表情有惡狠狠的狀態，說話以及一切都是俗不可耐。」

對於無奈的婚姻，張競生毫不留情地批判：「這是小孩和小孩式的夫妻，不久，他們這樣的小孩又生出許多小孩了！小孩式的夫妻結合後，也就在小孩式的生命間而死去了！」儘管忿忿不平，青少年張競生唯一能做出的反抗行動，只能是成親一個月後就像逃難似地離家求學。

張競生離得相當遠，先後到上海震旦學院和北京京師大學堂就讀，後來在一九一二年取得去法國巴黎留學的機會。

關於法國，有則笑話這麼說：

有三個人在美術館看到描述亞當與夏娃的畫作，一個英國人說：「他們一定是英國人，男士有好吃的東西就和女士分享。」一個法國人說：「他們一定是法國人，情侶裸體散步。」一個蘇聯人說：「他們一定是蘇聯人，他們沒有衣服，吃得很少，卻還以為自己在天堂！」

雖然這是諷刺蘇聯社會情況的笑話，但從中也突顯法國在男女風氣上的開放。張競生曾描述：「這就是法國特殊且情感熱烈的風氣吧！我看到那些人們在街中旁若無人地盡情親吻與擁抱，我看到那些嬌滴滴的婦人們與黑人或別種外國人那樣攜手同行地調情，我看到那樣法國式女子的特殊步伐，那樣窈窕溫柔又蹻捷又婀娜的腳步，與她們素樸和諧的服裝，所謂『滿臉堆著俏，一團盡是嬌』，這是美的女兒國氣氛。一入其中，就被這樣如火般的氣氛所包圍、所焚燒！」

張競生的感慨，其實可以濃縮成這幾個字：「我好興奮！我好興奮呀！」於是在異國，張競生將活出最為暢快的男兒本色。

十年情場的風流韻事

張競生第一段異國戀情，發生在海邊餐廳邂逅一位嬌小玲瓏的法國仕女，除了溫柔的個性讓他著迷，同時有位年輕德國博士正在追求她，刺激了張競生的好勝心。最後法國仕女選擇張競生，主要原因是，當時法、德關係緊張，法國人普遍對德國人沒好感。張競生樂道：「我極驕傲！以那時衰弱國家的人民，能夠爭勝強盛的德國又有身分的博士！」

現代人如果看張競生的反應，可能會覺得莫名其妙：「談感情就談感情，扯什麼民族情緒？」但如果放在十九世紀末的亞洲，張競生的發言卻合情合理，只因歐、美各國挾帶工業化實力對亞洲各國展開殖民，面對外部衝擊，「救亡圖存」可說是最主流的理念及反應，所以一切的改變及進步都是圍繞在抵抗西方的核心而發展。例如梁啟超曾倡導婦女應該受教育，但原因是「上可相夫，下可教子，近可宜家，遠可善種」（〈倡設女學堂啟〉），就能看到當時個人要為國家群體奉獻的理念。（話說回來，梁啟超當年已是開明派人士，但他的言論放在今天，估計一堆女權人士會氣到跳腳。）

雖然張競生的異國戀情旗開得勝，但兩年後，一個重大事件讓這段關係迅速結束，就是一九一四年第一次世界大戰爆發。由於德國軍隊逼近巴黎，不少人選擇外出避難，張競生決定前往較為安全的英國倫敦，萍水相逢的浪漫情緣只能被戰火終結。

愛人離去，何以解憂？當然是找新的愛人啦！到了倫敦，張競生很快展開一段新戀情，這次對象是房東的女兒。

據張競生所說，英國女子向來性格沉著，房東女兒雖然內心情感強烈，但平常表現卻頗為冷淡，可謂冰山美人。不過要做個平衡報導，與其說英國女人冷淡，不如說張競生情感太過奔放。因為他有時和冰山美人一起去公園散步會說：「誒，妳看池裡面的鴛鴦在大自然交配，多麼怡然自得呀！不如我們現在就在這裡……為愛鼓掌！」

我相信不少讀者看到此處，應該會立刻吐槽：「這是什麼腦迴路？有這麼飢渴嗎？」張競生有詳細描述理由，因為冰山美人晚上要陪房東太太入眠，兩人只有白天才能為愛鼓掌，問題是白天雖然房東先生出門，但房東太太還在家呀！所以張競生每次為愛鼓掌時都覺得被監視，相當有壓力。事實上張競生曾說：「一般人為愛鼓掌都在暗黑的睡房中，這樣根本只算是傳統的機械！既然要愛，當然要在大自然的環抱下感受靈肉合一！」

冰山美人對此有何反應呢？答案是……立即嚴正拒絕：「這樣我們和畜生有何兩樣？還是回房做吧，這樣比較衛生乾淨。」（可見即便歐洲已經算是風氣開放，但張競生明顯是玩得更開的那一個。）

張競生對此很不盡興／性，正巧法國已經扛住德軍攻勢，確保巴黎安全無虞，於是他順勢結束這段感情並返回法國，接著……當然就是擴充他的情場經歷啦！

儘管遏制德軍攻勢，巴黎依然是敵軍重點進攻方向，為了安全，張競生搬到凡爾賽鎮附近的聖格魯森林區居住。有次散步，他偶遇一位法國女詩人，同樣對德國進攻法國感到憤憤不平而愈聊愈投機，然後就不意外地過從甚密了。

兩人時不時就在茂密的樹林中為愛鼓掌，女詩人還寫下一首詩，描述自己是花朵，張競生是蜜蜂，因為蜜蜂會鑽入花房中，盡情地攪動並產出花蜜……懂的應該都懂女詩人在表達什麼意思吧？

張競生則將女詩人媲美為傳說中的「香妃」：「我和她的脣深緊地接吻時，覺得有一股的香甜氣味，直打攪到我全身酥融。我有時問她這是她脣上所抹的香膏所造成嗎？

她卻笑而不答……到後來，我能接觸她全部玉體時，就已證明她在極快樂時所呼出的香甜口氣與她全身所發散的芬芳。」

天下無不散的筵席，兩人並非感情生變，而是女詩人說：「我收到消息，先前的愛人，也是我未來的丈夫在南方受到戰傷，母親叫我一定要去照顧他。」張競生只能送別女詩人並感嘆：「這是她義務感戰勝愛情感的一種高尚人格表示呀！」

不知大家是否注意到什麼特別的地方？我第一個反應是：「什麼?!原來女詩人已有婚約嗎？」如果張競生聽到我的疑問，可能會說：「別大驚小怪，法國女性即便訂婚都不妨礙她們擁有情人。」另外張競生的感嘆，再一次詮釋我前面所提，就是二十世紀初，國家或民族的集體意識遠遠凌駕在個人選擇之上。

大家有沒有注意到，張競生特別喜歡在大自然中為愛鼓掌？事實上，張競生非常崇尚在自然環境下，無拘束且自由奔放的美感，這樣的審美觀甚至延伸到女性身上。

他曾說：「唯有合理的工作才是美的生活法。鄉下姑娘由於日常工作與大自然相接觸的結果，使她們有那些泛出桃花色的面龐與那些堅實窈窕的身材……（中略）……我國古代標準的美人是西施，還有『和番』的王昭君王嬙。西施是山間苧蘿村的姑娘，昭君是生長於『群山萬壑赴荊門，生長明妃尚有村』的。可見唯有山鄉間的少女們，有了工作的勞動，才能長出明娟的身體與聰敏的精神。」

當張競生分享自己曾與一位「美人魚」擁有美好的戶外體驗，大家應該就見怪不怪了。所謂「美人魚」，當然不是人頭魚尾的神祕生物，而是有次張競生參加海泳，浪潮過大，導致他體力不支。就在張競生感到一絲恐懼時，一位女救生員英姿颯爽地游到身旁，順利引導他抵達岸上。既然有如此特別的邂逅，不發展一段感情就不是張競生了。兩人開始深入了解，這位業餘救生員、職業醫護人員的「美人魚」向張競生說：「我們一起發展『衛生式愛情』吧！」

什麼叫「衛生式愛情」？意思是親密地與大自然接觸，並充分鍛鍊身體，養成萬物一體的同情心、男女之間的真正愛情。如此新潮的玩意，張競生怎麼會不答應？在《浮生漫談》如此記載：「她引帶我到法國自然派的衛生島——日出島，極快樂地過了長期的衛生的愛情生活。在這個島中，我們日夜裡可說是全身赤裸裸一絲不掛，在大白然的高山大海中逍遙。我們的心靈是與大自然相合一。我們的身體是與太陽、月光、星辰合成一氣不相割開。我們的愛情是擴大到浮雲、落霞、鳥啼、蟲鳴的心腔裡。一切都是可愛的，一切都是愛情的對象，這個愛情真是廣大無邊！」

哇！張競生真不愧是文人，寫的文字如此浪漫，畢竟在我輩粗人看來，這不就是「打野炮」嗎？還二十四小時說幹就幹的那種。

以上只是張競生部分的情場經歷，如果想了解全貌，可以閱讀他的半自傳散文集《浮生漫談》中的〈十年情場〉，保證讓人大開眼界。

不過異地生活再豐富，遊子總有歸鄉的時刻。一九一九年，張競生取得里昂大學哲學博士學位，隔年回國，他將抱持著滿腔期待，重重地與現實相撞！

莫可奈何的第一段婚姻

講了如此多風流韻事，不知各位是否記得張競生是有老婆的。

或許有人對他發展如此多婚外情要大罵一聲：「渣男！」但其實張競生在一眾留學生中，反而相對信守婚姻。

他曾苦惱是否要結束本就非他所願的傳統婚姻，但幾經考量後，寫下自己的心路歷程：「由後回想，我真是大呆子。她們歐洲人知那時我們一輩子是包辦婚姻的，只要坦白，她們也極願同到中國來，有許多留學生就是這樣娶到西婦的。到中國後，或與結髮妻離婚而給她精神上與物質上的幫助就好了；或則不經過這樣的手續，而與西婦遠遠地同居，也是可以混過一生的『準婚制』的美甜生活。可是我不夠大膽，只是想若我這樣騙婚，對中婦與西婦都不好。我就這樣只顧形式不重精神。空向西風揮灑同情淚，究之對於東風也無一點的好處。」

或許張競生心裡覺得元配縱然不理想，也不至於太差，但很快因為生活上的波瀾，張競生才體會夫妻關係竟有多脆弱。

歸國不久，張競生被聘任為故鄉廣東省金山中學的校長，但他先得罪主政廣東的陳炯明（張競生主張中國人口因沒秩序地增加，成為沉重的經濟負擔，所以應該實施節育制度，但陳炯明兒孫滿堂，聽到張競生的言論，除了不認同，還覺得對方在貶損自己，私底下還罵過張競生是個神經病），後來主持校務又得罪當地豪紳，於是所有人開始明裡暗裡地抨擊張競生。

離家多年，沒有工作經驗的張競生，完全承受不住職場霸凌，他希望妻子能好好安慰自己，但許春姜是沒受過教育的傳統婦女，哪懂教育理念或職場人生，面對丈夫的牢騷，只能是木然聆聽。

張競生更怨了，在外面受人欺負，老婆卻沒有一點表示，那我要妳何用！沒多久，張競生被迫從金山中學離職，前往北京大學擔任教授，之後寫了一紙離婚信給妻子。

沒想到許春姜採取決絕的行動，以自盡表達她的不滿。畢竟在傳統婚姻中，妻子可以不被寵愛、可以不被照顧，但絕對不能沒有名分。畢竟若是連表面地位都沒有，傳統女性就真的什麼都沒有了……

張競生晚年對此相當懊悔，畢竟雖非本意，但自己依舊逼死一條生命，而這只是他婚姻故事中的悲慘開端。

不歡而散的第二段婚姻

任職北大期間，有一天張競生看到一則報刊文章，出自一位女士之手。她描述父母死後，兄長自作主張為她許下一門親事，女士一怒之下，離家出走到北方想要自力更生，卻沒想到在山西，居然遭到當地軍閥看上而被逼婚，她只能感嘆社會對女性竟有如此大的壓迫。

張競生對這位素未謀面的女性感到欽佩，立刻寫信向對方表達：「妳打倒了有形的偶像，妳比我更勇敢！我正在和許多無形的偶像宣戰。我們既是打偶像的同志，應該做個朋友。」自此兩人開始通信，關係漸趨熟絡，張競生更得知對方的志願是就讀北大，身為北大教授的他立刻表示能助一臂之力，於是兩人在北京相遇，這就是張競生與褚問鵑相處的開端。

有一日，褚問鵑極為煩惱地找張競生商談。原來先前在山西逼婚的軍閥，竟派人送信給褚問鵑，說知道她還未嫁娶，一定會來北京娶她。自己現在有家歸不得，身邊又沒人可以成為倚仗，實在不知道如何解決麻煩。

張競生笑道：「辦法有了，古代專制皇帝貴為天子，也不能占有夫之婦，何況一個小小軍閥？妳若與我馬上結婚，就能使他絕望。」

不知道大家覺得張競生的辦法如何？反正褚問鵑同意了，兩人就此成為夫妻。是不是覺得情節翻轉得比翻車還快？雖然超展開，但發展至此，也算佳話一則，但兩人對後來的婚姻生活卻產生截然不同的敘述。

據褚問鵑所言，這段婚姻雖不是出於愛情，而是迫於環境，但在結婚以後，張競生對她很體貼，自己也勉力謹脩婦職，兩人在一年後生有一子，形成「相敬如賓、琴瑟靜好」的幸福生活。

但按張競生的說法，褚問鵑期待他能投入社會政治活動，但自己非常厭惡混亂的政治局勢，所以走的是純學術生活，她對此大失所望，就在同居三個月後不告而別。

張競生對此大受打擊，畢竟他在國外與眾多女子有著浪漫愛情，返回故鄉卻被女人嫌棄。這時一位友人勸解他：「中、西的女心是不相同的。西女是為愛情而愛情，中女的愛情是附屬條件，她們最重要是有一個永久可靠的婚姻。你那位女子既然以勢利為選擇對方的條件，對你這個書空咄咄的書呆子不能相合，這是勢所當然的。你已主張愛情是有條件的，你當自寬慰，勿為此事而摧殘。」

話說得很有道理，張競生依舊很鬱悶，他認為愛情的確有條件，但有些是進步的條件，例如才、貌、德、健康；有些是過時的條件，例如財、地位、勢力。他對於伴侶居然如此守舊而感到意難平。

但說真的，張競生是個太過理想的文人，現實中的婚姻，如果沒有基本的物質條件，再激昂的感情都很容易消亡，「貧賤夫妻百事哀」很清楚地點出這現實的一面。

沒想到過一段時間，褚問鵑又跑回來了，原因也很現實，她已經懷有身孕，於是兩人復合。

看完兩人敘述，大家是否覺得詭異，你們確定是結同一場婚嗎？說法完全對不上呀！我可以告訴大家，還有更詭異的劇情在後頭。

褚問鵑說北大當時常欠薪，搞得身為教授的張競生財務困難，於是他決定與友人在上海開設「美的書店」，有一段時間，夫妻因此分隔兩地。這段時間，褚問鵑先告誡張競生，那位友人的品行不好，千萬別太信任他，後來為了減輕家庭負擔，在北京居住期間還找了一些寫作的兼差補貼生活費。

之後張競生邀請褚問鵑母子同在上海居住，一家人重逢時，他還發出感慨：「丈夫譬如是一條航海的船，妻子就是指示方向的羅盤，一條船離開了羅盤，試問還能行動嗎？妳一直賴在北京，害得我日夜掛念。」可見兩人的情真意切。沒想到褚問鵑的預言成真，張競生友人竟將書店資金捲款潛逃，導致書店倒閉。

張競生則說「美的書店」之所以倒閉，主要是因為許多保守派人士看不慣他前衛的主張，屢次檢舉書店販賣淫書，導致書店常被查緝和罰款，生意大受影響，最終只能關門大吉。而褚問鵑竟選擇再度離去，並投靠其他男人了。

簡單歸納，女的說男方事業失敗，自己鼎力支持；男的說女方無情無義，大難來時各自飛。雖然雙方說法依舊出入頗大，但有一點是肯定的，兩人的關係就在「美的書店」倒閉後徹底破裂。

張競生後來在《新文化》月刊第二期刊登離婚廣告，之後發表一則名為〈恨〉的文章，怒斥褚問鵑棄他而去。這篇文章對褚問鵑來說無異於心靈上的暴擊，以至於日後撰寫回憶錄《花落春猶在》，褚問鵑絕口不提張競生的名字，而是改以「黃適」做為稱呼，甚至還把黃適寫成遭遇車禍身亡。而張競生晚年也覺得在盛怒之下，文章內容過於惡毒，對此相當後悔。

事實上，晚年的張競生打聽到褚問鵑母子前往臺灣定居。估計是當年彼此傷害太深，張競生不敢直接聯繫她，而是選擇聯繫兒子，但收到的回覆是「謝謝，不用再聯絡」，這讓張競生再次為當年的衝動感到扼腕及傷痛。

如果說張競生的第一段婚姻還能說是新舊思潮差異下的遺憾，與褚問鵑的婚姻，則顯示就算男女雙方都有新時代思潮，但婚姻間的共處當真沒那麼簡單。看到破碎的結局，如果我有對張競生表示的機會，應該會點一首歌對他唱：「相愛沒有那麼容易，每個人有他的脾氣，過了愛做夢的年紀，轟轟烈烈不如平靜。」

悲痛莫名的第三段婚姻

第二段婚姻失敗後，張競生雖然仍有幾段戀情，但基本是孤家寡人。同時，張競生對性學的研究及發表，讓他面對社會愈來愈大的抨擊及敵意。例如有次張競生在上海街頭散步，遇到一位警察臨檢搜查，理由居然是——畢竟你是張競生，一定會有什麼問題。

張競生的窘境讓好友鄒魯看了非常同情，於是他和張競生提議，介紹一個女子給他認識，如果合得來，不妨共結連理，張競生也能獲得好的照顧。（看到這裡，我真想說：「這人還真是夠朋友呀！有這樣的朋友還不趕快給我來一打！」）

於是又一位女性進入到張競生的生命中，她的名字叫黃冠南，不僅是中山大學畢業生，更擁有律師資格。張競生對這樣的知性女子當然相當滿意，兩人在鄒魯的撮合下，很快在一九三五年八月結婚。

兩人的婚姻生活相當恩愛，結婚後，黃冠南連生五名子女，穩穩的「性福美滿，做人成功」！張競生的一位朋友曾揶揄道：「你不是主張節育，怎麼沒有身體力行呢？」張競生只能搖頭苦笑：「知易行難呀。」

故事寫到這裡，張競生似乎終於找到他的幸福，但可惜的是，現實是殘酷的。

一九四九年，中華人民共和國成立，張競生成為新政權中的地方基層幹部，一開始頗受重視，讓他被選派到廣州南方大學進修。張競生告別妻兒，但他沒想到，同一時間政府推行土地改革運動，張競生的家庭成為被當地土改工作隊重點批鬥的對象。

這是因為張競生原本就出自地主家庭，甚至還繼承一小塊祖傳土地，雖然不過六、七畝面積，但能讓家中子弟分到田產，張家也足以被定位成「富農」，這在主張共產主義的國家不是什麼好事。另外張競生曾在國民政府擔任官員，導致他被認定為「右派分子」。中國共產黨劃分階級裡，有特別被針對的「黑五類」，分別是地主、富農、反革命分子、壞分子、右派。張競生包含兩種身分，當真是不鬥他還能鬥誰呢？

張競生在外進修，湊巧躲過一劫，黃冠南可就苦了，三天兩頭就有工作隊來家裡大聲斥喝，甚至看到張競生的胞弟被槍斃，這些都逐步摧殘她的心靈。於是有一天，黃冠南為求解脫，走上那條想不開的路——自盡……

令人唏噓的是，張競生是在三年後才知道妻子身亡的消息。又一次，時代給予張競生沉重打擊，而且這次妻子還是因自己受牽連才走到如此境地，他痛苦地寫下悼亡詩〈訪菊園〉：「菊萎園空枉攜兒，不堪回首畫樓西；忍拋鰥眼長開恨，教子成名望展眉。」

張競生雖躲過一時，但到了一九六〇年代的文化大革命，依舊沒逃過被批鬥的命運，最終於一九七〇年過世。

無論是生前或死後，眾人對張競生的評價相當兩極化。認可他的人稱其為「性學大師」，反對他的人斥其為「賣春博士」。甚至張競生對自己所作所為的評價，也隨他的人生際遇而變。

例如讓他聲名大噪的《性史》，最初張競生在序言大義凜然地表示：「這部《性史》斷斷不是淫書，斷斷是科學與藝術的書。這些事如陰陽具，如性的衝動……就是科學的事情。陰陽器官為我人身體上最重要的機關，明白了它的構造，便明白了人身大部分的生理學。講究它的衛生，是講究一部分極緊要的衛生學；研究它的作用，即得到了人類許多的行為論及優生學。」

不過人到中年，他則說：「我在當時已知《性史》所犯的錯誤了。但因社會上的責罵與禁止，使我無法去糾正錯誤。在後我到上海開『美的書店』時，盡是介紹藹理斯的學說，至於該書所附的性史與我國人的性史一件不敢介紹。但可恨太晚了，性學淫書被人們混視為一途了，我雖努力改正錯誤，但已來不及了。『性學博士』的花名與『大淫蟲』的咒罵是無法避免了。時至今日，尚有許多人不諒解。我的自責、我的懺悔也極少得到人的寬恕了。朋友們，聽它吧！聽它命運的安排吧！我是習哲學的，哲學家應有他的態度：就是對不應得的名譽與譭謗都不必去關心。但痛自改過與竭力向上，這些是應該的。」

張競生的心境轉變似乎反映在婚姻生活上，他在懷抱理想時，卻不斷被現實打擊，其中有張競生的個人問題，也有時代環境下的身不由己。

《浮生漫談》中，張競生談到婚姻是滿滿的遺憾，顯示他在感情生活中所感受到的苦楚。

可與此同時，《浮生漫談》也記錄張競生諸多風流韻事，還有諸多自身對於感情觀及生活美學的看法解析。

我想，那是張競生直面人生的體現，無論好壞美惡，他都慨然承受，並試圖找到讓自己及他人有所受益的價值。

有道是：「橫看成嶺側成峰，遠近高低各不同。」還記得張競生的理念嗎？痛快地生活、情感地接觸、愉樂地享用。他的往事，後人將有各自的解讀，但無庸置疑的，是他留下極為濃墨重彩的情感，讓人無法忽視。

武之章

《人間四月天》之外的悲劇英雄

陸小曼的前夫王賡

悄悄的我走了，正如我悄悄的來，我揮一揮衣袖……

相信這段出自新詩〈再別康橋〉的名句，絕對是大部分人的國文課回憶，同時在課堂上，大家應該都聽過本詩作者徐志摩是如何苦待元配張幼儀、迷戀才女林徽因、情愛糾葛陸小曼。除了國文課的介紹，徐志摩的愛情故事還被拍成電視劇《人間四月天》，飾演徐志摩的黃磊，憂鬱的氣質、深情的眼神及嗓音，更是樹立起徐志摩多情才子的男神形象。

由於徐志摩的故事和性格各異的三位女角，大多已經廣為人知，今天就和大家聊聊在《人間四月天》中，一位戲分少到極容易被忽視的配角。他曾是眾人期待的青年才俊，最終卻變成情場、事業、健康盡失意的可憐人，而這一切似乎都因徐志摩而起，就是陸小曼的前夫——王賡。

奮發向上的求學青年

王賡，字受慶，江蘇無錫人，祖父曾擔任浙江湖州知府與浙江總兵。總兵一職在清朝的武官系統排行第二，僅低於提督，官位是正二品。可想而知，王家曾經多麼顯赫，以至於可以留下一座九進祖屋。何謂九進？就是縱向共有九處廳堂，每過一個廳堂就要過一扇門，所以叫「九進」……完全是豪宅呀！

王賡

但到了王賡這一代，由於家中無人擔任官職，要維持過去顯赫的社會地位所帶來的應酬花費和龐大產業，反而成為沉重開銷，以至開始家道中落。於是，王賡在少年時就決定棄絕一切嗜好，立志苦讀，先考入北京清華留美預備學校（今清華大學前身），並因在校成績良好，獲得留學美國的考試資格，在上千人的競爭中，只有一百八十位學生獲得全額公費赴美留學資格，而王賡就是其中一位通過者，成績是名列前茅的十三名，那一年他十六歲。

到美國留學後，王賡先就讀密西根大學，但很快發現該校偏重理工科，讓熱愛文學的他時常感到志趣不合，於是先後兩次轉學，最終獲得常春藤名校中的普林斯頓大學文學學士學位，但這不是他學霸人生的結束，因為大學畢業後，王賡又進入美國西點軍校就讀。

西點軍校是美國歷史最悠久的軍事學院之一，並與英國桑赫特斯特皇家軍事學院、俄羅斯伏龍芝軍事學院、法國聖西爾軍事專科學校，並稱「世界四大軍校」。該校畢業生表現極為傑出，像日後成為美國總統的五星上將德懷特・艾森豪（Dwight D. Eisenhower）、號稱美國陸軍之父的喬治・巴頓（George S. Patton）、南北戰爭中的南方主將羅伯特・李（Robert Edward Lee）、北方主將尤利西斯・格蘭特（Ulysses S. Grant，後來還成為美國總統），皆為其中的著名代表。

既然西點軍校地位如此崇高，光入學就是個考驗，特別是對王賡這類型的外國人，當時還要求必須有人為他的能力及人格擔保才符合資格。

當時普林斯頓大學校長立刻為王賡寫推薦信，內容為：「我非常榮幸能向您保薦本屆畢業生王賡先生，他在校期間的學業成績一直名列前茅，獲得二等嘉獎的榮譽，在自身操守和行為規範上從未有任何不當之處，因此人品值得信賴，他在普林斯頓的這段時間裡贏得身邊所有人的尊敬。」

在校長的幫助下，王賡順利入學，但有道是「師父領進門，修行在個人」，王賡在西點軍校的在學表現如何呢？答案是一九一八年的一百三十七名學生中，他以第十二名畢業，依舊是學霸等級，還證明他是位文武雙全的通才。他的文學才華讓他在就學期間擔任學校雜誌的編輯委員，西點軍校的刊物《榴彈砲》這樣描述王賡：「如果中國能有很多像王賡這樣的年輕人向世界炫耀，那麼這個國家一定前程似錦……（中略）……他非常聰明，雖然他的學習時間少，但在班級中一直名列前茅，不但每門學科都很出色，還才思敏捷、口才出眾，硬是在母語上把美國同學比下去。最讓我們對他產生敬意的，是他對差等生的用心，去年聖誕假期，他兢兢業業利用每一分鐘幫助那些未通過考試的差等生，最終他們的成功很大一部分是來自王賡的付出。」

注意，他可是一個中國人，卻有比美國人更優秀的英文底蘊，完全顯示王賡的強大。如此優異的表現，使王賡剛回國立刻擔任中國出席巴黎和會的武官代表，之後晉升陸軍上校，並在北京大學任教，職場的開局可謂一帆風順。

婚姻——災難的開端

事業起步的同時，王賡在感情上也春風得意。一九二二年，他與陸小曼結婚。

陸小曼的父親陸定是晚清舉人，畢業於日本早稻田大學，是學貫東西的知識分子，並擔任民國度支部（財政部）的官職。陸小曼的母親吳曼華則是官宦人家出身，而且與大部分同時代女子不同，自小就受過教育，尤其在古文造詣和國畫上頗具功力。在如此書香門第中長大，陸小曼接受的教育自然高品質。她九歲進入北平女中讀書，十五歲就讀法國人開辦的聖心學堂，父親還為她聘請英國籍女教員教授英文，所以陸小曼精通

陸小曼

英文和法文，畢業後就被當時的外交總長顧維鈞聘用為兼職翻譯。由於時常跟著官員出席社交場合，加上機智不俗的談吐，當時民國社交界就有「南唐北陸」（唐瑛和陸小曼）的稱號，可謂北京社交界中最耀眼的明珠。

一個是留學美國且在軍界中嶄露頭角的青年才俊，另一個是才貌雙全且多才多藝的交際名媛，這個外表看似人人稱羨的美滿婚姻，卻很實際地證明「相處還比相愛難」。從前面的描述中，不難看出陸小曼時常出席各種活動，事實上，她也是喜歡享受並熱衷於活動的嬌嬌女。但王賡卻不是如此，從小他就棄絕一切嗜好，成人後只埋首於工作。根據當時人回憶，王賡在軍職和教職上都極為負責，一星期六天的工作做好做滿，代表他除了星期日，其他時間都無法陪伴陸小曼出遊交際，況且他也不想遊憩。

除了雙方個性的巨大差異，後來王賡還被派往東北擔任官職，陸小曼原先一起前往，但當地冰天雪地的低溫實在讓她受不了，於是選擇獨自返回北京，這下夫妻因為分隔兩地，感情更趨冷淡。不過王賡仍是關心妻子的好丈夫，公務愈加繁忙時（王賡後來成為東南五省聯軍司令孫傳芳的參謀長，工作地點從東北調到東南，可見他真的忙於工作而缺少陪伴），正好認識的一位朋友來到北京，就拜託朋友說：「志摩，我實在太忙，如果我老婆想出去交際，你能幫我陪陪她嗎？」朋友一如既往地熱情答應，這讓王賡非常高興，於是他和陸小曼說：「以後妳覺得悶的時候，可以去找徐先生陪妳玩。」

話說到此處，大家應該知道這個朋友是誰了吧？

徐志摩，他和王賡一樣受教於當世學問大家梁啟超，且和王賡一樣在美國留學，這也是兩人之所以建立友誼的緣故。在王賡看來，徐志摩為人風趣幽默，也是愛交際應酬的個性，想必能讓妻子開心。事實上，徐志摩的確很用心陪伴陸小曼，或者說太用心陪伴，陪到陸小曼想離婚，讓王賡除了工作上的軍帽，生活中還多添了一頂綠帽！

徐志摩

「我要和你離婚。」

聽到妻子這麼說，王賡整個人呆住了。他不

傻，尤其各種街談巷議甚至是小報消息，早就充斥著好友與老婆過從甚密。但他始終在隱忍，他知道自己無法在玩樂上滿足妻子，更因為他信任好友不會做出背叛友誼的舉動，只是他在感情上想得太簡單，在友誼上則錯信人了。

「我同意。」王賡果斷離婚，他知道曾經的妻子變心後就回不去了。一九二六年，徐志摩與陸小曼結婚，兩人的婚姻一開始就不被眾人祝福，婚禮現場非但雙方父母都沒到場，負責證婚的梁啟超還在朗讀祝賀詞時說出：「徐志摩，你這個人性情浮躁，所以在學問方面沒有成就，你這個人用情不專，以致離婚再娶，以後務要痛改前非，重做新人！」最後更結語道：「祝你們這是最後一次婚禮！」使徐志摩與陸小曼這對新人異常尷尬。（著名武俠小說作者金庸是徐志摩的表弟，《天龍八部》中有一個名叫「雲中鶴」的淫魔角色，而徐志摩其中一個筆名就是「雲中鶴」，我有點懷疑金庸在拐彎罵他表哥。）

徐志摩與陸小曼

至於王賡，社會輿論一面倒支持他，當時有報紙標題寫：「王賡讓妻，氣度非凡；志摩娶妻，文德安在？」但這只是表面，事實上，人們對這段失敗婚姻的議論仍不斷糾纏著王賡，以至於後來徐志摩意外墜機過世後，都有人說：「王賡和喪夫的陸小曼鬧戀愛，王為再度追求陸，可謂揮金如土。」對本就感情受傷的王賡是雪上加霜的打擊。

順帶一提，說這話的人叫沈醉，是民初著名的情報頭領，同時也是我認為民國最八卦的喇叭嘴。除了說出王賡對陸小曼死纏爛打外，甚至還爆出末代皇帝溥儀少年陽痿的傳聞。

開高走低的事業

感情上的失敗沒有讓王賡意志消沉，相反的，他在事業上仍繼續高升。雖然在一九二五年，王賡貴為孫傳芳的參謀長，很快因理念不合而離職，之後當中國國民黨的國民政府發動北伐戰爭，他轉投國民革命軍，並一度擔任炮兵指揮官、鐵甲車隊司令等職務。但真正有更上一層樓的契機，是他被宋子文看中。

宋子文的妹妹是蔣介石的老婆宋美齡，蔣介石要叫他一聲大舅。憑藉著裙帶關係，加上宋子文是留美的經濟學人才，蔣介石崛起後，宋子文便執掌財政大權。當時中國最主要的收入來自關稅，而民間眾多稅收中，「鹽」是獲利極大的民生必需品。為了確保關稅及鹽稅的安全，宋子文成立了軍事組織——稅警總團。

稅警總團有宋子文撐腰，在裝備及補給上，甚至遠強於大部分正式軍隊，例如國民革命軍體系中，最先裝備坦克的部隊就是稅警總團。大家可以想像成警察性質的海巡署，卻擁有比國軍更強大的火力，完全證明稅警總團高人一等的地位。當然，好的武器還需要有優秀的軍人使用，該部隊的士兵被要求能識字，甚至還要研讀法律學問，當時中國八〇%以上的人是文盲，可見其標準的難度之高，而統御這些精兵的將領自然必須是強將；又因為宋子文本身的留美背景，他尤其希望將領同樣也是留美出身。從美國西點軍校畢業的王賡自然受到宋子文青睞，因此擔任第二任稅警總團團長。

故事說到此處，看似王賡情場失意卻事業得意，但個人認為最貼切形容王賡一生的話是：「福無雙至，禍不單行。」他很快將面臨讓自己身敗名裂並前途無亮的重大轉折——王賡事件。

一九三二年，日軍進犯上海地區，駐守上海的國軍奮起抵抗，史稱「一二八事變」。由於上海是中國經濟第一大城，還是各國重點投資的貿易城市，宋子文立刻命令稅警總團加入戰局，而指揮官正是王賡。就在眾人期待王賡展現用兵才能之際，卻發生一個令人傻眼的消息——王賡竟帶著機密文件被日本人扣押了?!

身為一軍主帥的王賡究竟怎麼會在開戰前就被日本人扣押？有一說是王賡開完軍事會議後，攜帶機密文件跑去舞廳跳舞，結果被日軍偵察隊逮個正著。如果是這個說法，王賡就是怠忽職守，前途可說徹底黑了。

但有另一說法是，根據稅警總團總參議莫雄的回憶，王賡當時奉宋子文的命令去美國大使館，再轉往由外商開辦的禮查飯店（今上海浦江飯店），沒想到日本人已占據該飯店並做為陸戰隊司令部。王賡抵達飯店，走到門口才發現有日本衛兵，他又想繞旁邊走側門，還是遇到日本衛兵。這些舉動加上王賡慌亂的行徑引來日本衛兵盤查，就把他和機密文件逮個正著。

至於王賡為何會這麼不小心，莫雄的解釋是：「王賡有深度近視，看不清楚，這才被日本人扣押。」天哪！莫雄這個說法大概會讓所有人都想翻白眼吧?!一個西點軍校的海歸派竟然如此白目？

「王賡事件」對一二八戰局影響極大，當王賡被日本人放出來後，國民政府立刻將他關進牢裡等候軍法審判，最後以「擅離防地、怠忽職守」的罪名關了兩年。

這場牢獄之災不只重創王賡的仕途，更慘的是在出事以前，他和一位叫凌菊如的女士已經當了長時間的親密朋友，本來說好待時局稍微安定就舉辦婚禮，正式定下終身大事。王賡被定罪後，凌女士就遠走高飛，雙方的感情就此無疾而終。

別怪凌女士絕情，畢竟當時社會上充斥各種抨擊王賡的流言蜚語，有人指責他是通敵的漢奸，還有像沈醉這種擔任情報工作的喇叭嘴不斷宣稱他是因泡妞才擅離職守，都可能讓凌菊如不堪輿論壓力或對王賡的信任破裂。諸多流言臆測更重創王賡的心理，進而導致他日漸多病。

好不容易出獄，臉面無光的王賡選擇出國考察；幾十年前，他出國身懷報效國家的雄心壯志，如今前景卻是黯淡無光……

戛然而止的尾聲

一九三七年抗戰爆發，面對強敵壓境，負責兵工廠事務的俞大維邀請王賡為其效命。王賡毫不猶豫地答應，重新投入軍職並鼎力相助。

抗戰期間，四十多歲的王賡再婚了，對象是一位名叫陳劍趣的女士。王賡的部下陳宛茵回憶有次拜訪王賡住處，發現「（王賡）處長捧著一本原版德文書埋頭閱讀，那位王太太則在一旁翻弄她的新服裝。兩人互不交談，漠不相關」。顯示兩人志趣、習慣大相徑庭，但與陸小曼的婚姻不同，兩人應該有找到夫妻相處的平衡，從婚後生了一男一女可以看出兩人雖沒有如膠似漆的熱情，但尚算闔家安康的溫馨。

一九四二年，中國加入以美國為首的同盟國陣營，擁有留美背景的王賡被任命為赴美軍事代表團團員。當時中國和美國合作密切，這很可能是王賡扭轉命運的好機會。

王賡的人生看似正往好的方向恢復，但還記得前面對王賡人生的形容嗎？「福無雙至，禍不單行」，王賡抵達埃及沒多久，居然突發腎臟病過世了……那一年他四十七歲，遺體則下葬在當地英軍公墓。

生不逢時的英才

王賡之死除了英年早逝是場悲劇外，最讓我感到悲哀的是中國文化極為重視「落葉歸根」的觀念。我不清楚王賡的遺願是否是葬於當地軍人公墓即可，但假設他是在來不及交待後事的情況下過世，對一生觀念嚴謹的王賡而言，不啻為一種悲哀。

回顧王賡的一生，看似讓他早年發達的學歷，很大程度卻是造成日後悲劇的主因。因為在西點軍校對王賡的評語中是：

「Excellent student and extremely popular,... becoming more and more of the scholar and less the soldier Wang's career was not successful from a military stand point. Wang's life was one of sincerity, integrity and patriotism, He was a credit to West Point.」

意思是，王賡是位傑出且贏得人心的學生……（中略）……他在西點軍校的表現讓我認為他在學者上會遠優於軍隊職務。他是一位誠實、正直，且充滿愛國心的人。

雖然西點軍校以軍事聞名，但其實該校的教育不局限於軍事，不少畢業生在不同領域發揮才華。以王賡在西點軍校前的文學學位與西點中的校刊委員身分來看，說不定他會是個不輸徐志摩的文學健將。可是在那個戰火紛飛的時代，誰會讓西點軍校的高材生去從事文學創作呢？而富有愛國心的王賡，又豈會不貢獻他的所學所長？所以王賡走上一條校方並不看好的人生道路……

或許，王賡在現代流傳的戲劇中不耀眼，經歷及意義也不突出。但在真實的人生中，每一個人都上演著獨一無二的故事，往深處去了解，有時會碰上值得玩味的觸動。對我來說，王賡是真的慘，但在一次次的悲劇和外人的描述中，我看到王賡展現出一生充滿原則並不向苦楚挫折低頭的男子漢形象。他無愧於西點軍校評語中的最後一句：「He was a credit to West Point.」（西點軍校以他為榮。）

因此我寫下他的故事，讓這位戲劇中的配角做一回真正的主角，也對這位或許身處不同時代更能一展所長的英才留下一些念想。

世紀行過，情感不滅

張學良與她們的百歲愛情

二〇一九年，嚴重特殊傳染性肺炎（COVID-19）在全球流行，並造成多人因病過世，大眾惶惶不安。為了防止疫情進一步擴展，各國制定不同程度的隔離方法，無論是確診的病例，或是疑似確診的患者，都必須在固定的空間待上好幾天，其中的心境經歷過的人都知道是何等煎熬。

本人也在疫情高峰時期莫名地被人傳染，即便身體完全沒有任何不適症狀，但硬是在家中隔離十天，即便吃好、穿好，而且有大量的娛樂時間，而我幾乎是在第一天結束後，依舊感到前所未有的焦躁，直到解除隔離才振臂大呼：「我終於自由啦！」

那段時間，大家紛紛交流隔離時間可以做什麼事情來解悶，或是過程有多麼難受。此時就發現歷史的用處之一，因為有人用一張肖像搭配簡單文字，就戳中眾人的笑點，以至於心有戚戚焉地轉發，那張圖文就是——張學良說：「如果你覺得居家隔離很痛苦，可以想想我，我居家隔離了五十四年。」

張學良的哏圖之所以引起迴響，除了有當紅的時事議題加持，更重要的一點是眾所皆知他成為全臺居家隔離最久之人的原因，就是他策動一起影響中國現代史巨大的歷史事件——西安事變。

張學良曾說：「我的人生就到三十六歲。」那一年他發動西安事變，軟禁蔣介石，最終使國、共再次達成一致抗日的決定，這讓中國共產黨得以死裡逃生，而他則在事變後被蔣介石軟禁，此後雖走過大江南北，但都不是自由之身，直到九十歲高齡才解除軟禁狀態。

三十六歲以前，張學良曾是人稱「少帥」的翩翩公子，緋聞沒斷過、女友沒少過；三十六歲以後，他過著生死未卜的日子，儘管名號依舊讓世人為之側目，但他早已喪失任何實權，以至於連重獲自由都成為遙遙無期的念想。但即便如此，他身旁依舊有紅粉佳人陪伴，並成為不可或缺的心靈倚靠。

大帥之子

張學良，字漢卿。他的父親是一度成為中華民國元首、擔任中華民國陸海軍大元帥的張作霖。

張學良出生以前，張作霖的人生不說是一帆風順，至少可說是風雨飄搖。他本是為求謀生，從河北非法移民到東北奉天省（今遼寧省）的貧農後代。年輕時，父親與人發生衝突而被鬥毆致死，他為了替父報仇，意外槍殺平民，導致年紀輕輕就成為逃犯，後來只能從事毫不光榮的高危險職業——馬賊。

但或許張作霖天生適合闖蕩江湖，他在馬賊界逐漸闖出名堂，成為東北四大馬賊首領之一。一九〇一年六月三日，張作霖執行常態性業務，與其他馬賊比拚，既分高下也決生死。這天是個好日子，因為發生兩件好事；一、他贏得勝利；二、家裡傳來消息，他的兒子出生了，就是本篇故事的主角張學良。

為了紀念雙喜臨門，張作霖將兒子的乳名取為「雙喜」。有道是虎父無犬子，嬰孩張學良的人生開局和他爸類似，不能說是一路順遂，只能說是朝不保夕。

與常人不同，張學良在一架馬車上出生，之所以如此，都是拜他爸的高危險事業所賜。人在江湖飄，哪能不挨刀，張作霖的馬賊人生讓他朋友多，同時仇人也多，張作霖的老婆趙春桂只能四處奔波求生存。居無定所的日子，生活條件自然不佳，使得張學良嬰兒時期，居然未必能喝奶，只能用高粱汁充飢，連帶導致他營養不良、體弱多病，甚至多次病危到命不久矣的地步。

眼看孩子氣若游絲，張家決定「物質不夠，信仰來湊」！按民間習俗，在一間廟宇中留下一張寫上「雙喜」名稱的紙人，當作出家歸神佛庇佑，而張學良則當一個跳牆和尚，就是放棄原先的乳名，用出廟門後第一個聽到的名字做為新乳名。當時他聽到有人喊一個小孩「小六子」，於是張學良自此稱為「小六子」。（我覺得張學良運氣不錯，小六子不算難聽，要是聽到的名字是狗屎蛋，只怕此後人生就要社會性死亡了。）

不知是否改名就真的改變運氣，張作霖決定帶領麾下馬賊投靠清朝，自此成為縱橫東北黑白兩道的軍官，靠著數次關鍵決定，搭配過硬的抗壓心態和狡黠手段，張作霖在一九一六年成為獨霸東北的實力派將領。一九二四年更帶兵攻下象徵權力中樞的首都北京，成為當時全中國最具實力的軍事強人，日後更擔任陸海軍大元帥並代行大總統實權，成為中華民國的實際執政者。

一人得道，雞犬升天，張作霖的崛起讓張家人成為富貴人家，而張學良身為長子，當然受到特別的栽培及提拔。他先進入軍校就讀，畢業後進入東北軍擔任軍官，當張作霖決心改革東北軍，除了成為獨領一軍的將領，還擔任東北空軍司令。當老爸入主北京時，他則擔任奉軍津榆駐軍司令，如果說張作霖當時是中國最強大的軍事強人，張學良就是東北軍新生代人才中的頂尖代表，這也是他被民間暱稱為「少帥」的由來，甚至有人還尊稱他為「民國四公子」之一。

當時張學良只有二十歲出頭，若按照張愛玲所言：「成名要趁早，來得太晚的話，快樂也不那麼痛快。」青年張學良的狀態何只是快樂？簡

青年張學良

直就是痛快！

男人可以愛玩，但不能沒良心

儘管張學良少年得志，但既然身處十九、二十世紀的交界，自然避免不了時代共同的命運——父母之命，媒妁之言。張學良不愧為張作霖之子，他的婚姻相比同時代眾人，居然充滿著獨特的江湖味。

張作霖投靠清朝，其中一項業務是負責剿滅蒙古匪幫，有一次他在追擊目標時中了埋伏，眼看支撐不住，性命只怕要當場交待，此時一個富商于文斗得知情況後，立刻送信給其他部隊，才讓張作霖等到援軍逃出生天。張作霖自此對于文斗感恩戴德，立刻與他結拜為兄弟，兩家的關係相當親密。

于文斗有個女兒，取名為于鳳至，字翔舟，一八九八年出生，比張學良大四歲。有一天，張作霖拜訪于家，看到一張寫著「鳳命」的庚帖，庚帖內容會寫當事人的生辰八字，古代結親時，用來確認論及婚嫁的男女雙方命運是否相剋。張作霖心念一動，聽聞于文斗的女兒知書達理，若能與自己的兒子成婚，非但讓兩家親上加親，盟友關係也更加穩固，更可以好好幫兒子當家內主，豈不妙哉！心動就馬上行動，張作霖立刻派人說親，于文斗沒有拒絕的理由，於是親事迅速敲定。

一九一六年，十九歲的于鳳至與十五歲的張學良成婚。雖然此時的張作霖已成為統領軍政的東北第一人，于鳳至成為穩穩的豪門貴婦，但她依舊保持謙遜有禮的態度操持家務，甚至主動抽空去瀋陽的大學聽課，按她本人說法是：「要補充知識，好有助漢卿。」可見張作霖為自己尋得一位好媳婦，為兒子找得一位賢內助。

不過雖然張學良相當敬重于鳳至，都敬稱她為「大姐」，而且兩人生有一女三子，夫妻相處堪稱恩愛，但兩人依舊有著巨大隔閡。據張學年晚年口述，他曾和太太說：「妳嫁錯了人，妳是賢妻良母啊，可是我張學良不要一個賢妻良母。」這是因為他曾經和父親張作霖說：「爸爸，有兩件事你不要管我，一件是我賭錢，另一件是我找女人。」完全展現張學良極高的「性」趣。以至於于鳳至曾在回憶錄表示：「漢卿對女人十分隨便，前後有很多女人和他發生關係。」

老公一天到晚捻花惹草，正常人能忍嗎？別和我說傳統婦女因為一妻多妾制度，所以對於丈夫玩女人就比較包容。事實上，有些人性在不同時代是相通的，一方是一往情深，另一方卻到處留情，心態絕對會不平衡。更何況于鳳至也不完全是傳統婦女，她畢業於奉天女子師範學校，接觸過西方教育及思想，與當年的婦女相比，絕對算見過世面。

神奇的是，于鳳至在回憶錄說，她對張學良的作為絕不過問，因為相信丈夫絕不負她。張學良也說：「我（男女關係）這麼樣地亂七八糟，都是我太太把我放縱的。」究竟這對夫妻是如何達成一個願打、一個願挨的共處之道呢？

據張學良回憶，于鳳至生下第四個小孩後得了重病，當時中外醫生對此束手無策，所有人都在準備辦後事。于鳳至的母親尤其緊張，她請人向張學良轉達：「我還有一個姪女，你娶這個姪女，以便照料鳳至的孩子。」

張學良立刻反對：「她現在病得這麼重，我真是要娶她的姪女，等於我這邊結婚，那邊催她死就是了，當然她心裡很難過。這樣子，我答應你，如果她真是死了，我一定娶她姪女。」

出乎所有人預料，于鳳至奇蹟似地康復，她聽到丈夫的發言，心裡相當感動，畢竟連親媽都只為家族後續利益考量時，只有張學良還在乎于鳳至的心情，顯然張學良雖是花心大蘿蔔，但依舊把老婆放在心裡掛念。後來張學良不管在外面怎麼玩，于鳳至只是睜一隻眼、閉一隻眼，從不主動干涉。

另外，于鳳至果真沒有底線地放縱張學良嗎？按于鳳至在回憶錄的說法，張學良曾請求將時任外交部長王正廷的妹妹納為二房，就于鳳至堅決不同意的經歷來看，她對張學良的態度應該是「要怎麼玩隨便你，但老婆只准我一個，就算納妾也不行」。

當然，這裡要提醒，可別看到少帥的妙招有奇效就急著仿效，因為張學良的行為放在今日，絕對會被廣大女性痛罵是「渣男」。

不同時代有不同的特殊性，不能一概而論，例如一戰時代的海軍講究大艦巨砲，砲管愈粗代表火力愈猛，但到了二戰，海軍科技的重心已是以航空母艦為首的超視距作戰，艦艇就算再巨大威猛，也扛不住數十架飛機的空中打擊，所以愈用一戰思維去打二戰，戰果只會愈輸愈慘。

同樣的，二十世紀初，雖然西方文化已進入中國社會，但舊有的傳統不會輕易褪去，像是于鳳至，據《張學良幽居生活實錄》描述：「于鳳至夫人既不大喜歡說話，頭腦

于鳳至

不新不舊，和張先生的情感大致不差。」可以想像于鳳至仍有部分傳統思維，所以比較能包容張學良到處獵豔。

總之在夫人的「包容」下，張學良可是「紅塵作伴，過得瀟瀟灑灑」，讓他的感情生活開始蓬勃發展。

霸道少帥的交往守則

據張學良晚年的口述，他自認一生，包含中外共有十一位女朋友及情婦，甚至親口承認連義大利領袖貝尼托・墨索里尼（Benito Mussolini）的女兒都和他有過一段情。究竟他有什麼獨特之處能夠征服情海呢？

首先是大家都能想到的「他有權有勢」。

前面提到張學良是個官二代，本來張作霖割據東北時，他已是東北軍軍長兼空軍司令；後來張作霖執政中央，張學良成為津榆駐軍司令，麾下掌握數萬兵馬；張作霖因國民革命軍北伐而決定退回東北，卻被日本軍隊炸死在皇姑屯，張學良先接替老爸的地位，成為東三省保安總司令。後來他決定服從國民政府領導，但依舊是掌握地方實權的東北邊防司令長官兼任東北政務委員會主席；之後在中原大戰支持蔣介石，因此當蔣介石獲得勝利，就讓張學良擔任中華民國陸海空軍副司令，可謂當時的中國第二人。試問這樣的資歷，身邊怎麼可能缺女人呢？難怪張學良很有自知之明又自鳴得意地表示：

「人家還不是都喜歡權勢。」

還有一個別人學不來的原因「年輕且帥」。網路有句話：「只要投對胎，少奮鬥二十年。」張作霖擔任東三省保安總司令時四十七歲，張學良接任東三省保安總司令時二十七歲，雖然是官二代接班，但不得不承認，當真是年紀輕輕就登上高峰。而且張學良年輕時是公認的帥哥，張作霖的五姨太曾評價張學良為「潘鄧」，所謂「潘」是

貝尼托・墨索里尼的女兒埃達・墨索里尼（左三，Edda Ciano），于鳳至則站在張學良左手邊

指中國歷史上著名的美男子潘安，「鄧」是指西漢史上著名的有錢人鄧通。講這麼多，就用張學良的一句話做結論：「女人要沾上我，她就不離開了。」

不過張學良玩歸玩，自己設有一條底線，就是絕不用權勢強迫。另外，正因了解自己愛招蜂引蝶，張學良自認從不主動招惹部下的老婆或女人，免得惹出事端。

可話又說回來，自己不主動招惹是一回事，但別人送上門來又是另外一回事。例如張學良十六歲時，有一位表哥在張作霖麾下做事，表哥有位姨太太，有天看張學良獨自在家，居然跑來主動調戲，張學良表示那是他後來常在外面「浪」的啟蒙開端。可以用《讓子彈飛》的經典臺詞描述：「大哥你是了解我的，我從來不做仗勢欺人的事，我喜歡被動。」

雖然張學良對感情描述實在有點兒童不宜，但也留下一些有趣的伏筆，負責訪問的唐德剛先生進一步問十一位女友分別是誰，張學良只調皮地表示：「你猜，你自己猜！」

由於當事人不明說，為後人留下許多想像空間，例如日後成為蔣介石夫人的宋美齡，會不會曾是張學良的女友？畢竟兩人相識時，宋美齡還未和蔣介石結婚，加上在西安事變後，宋美齡不斷對張學良伸出援手，張學良也多次表達「蔣夫人對我很好」，還真的充滿想像空間。

儘管少帥到處留情，但因為顧及于鳳至的感受，這些戀情大多無疾而終，但凡事總有例外，偏有一位女子不僅愛上張學良，甚至願意拋棄一切，生死相隨，讓她成為眾多戀情中的特例，甚至成為張學良的世紀之交。

四小姐與另一位四小姐

前面提及張學良講過自己的高富帥（這裡的高是指地位高）吸引很多女性，其中包含小他十一歲的趙一荻。

趙一荻，又名綺霞、鸞香，一九一二年出生於英屬香港，父親是交通部次長趙慶華，在家中是排行第四的么女，因此人送外號「趙四小姐」。

從她的出生地和家庭背景來看，不難猜測從小就接受西式教育，據《張學良幽居生活實錄》描述：「（趙一荻）人既漂亮，且能講一口流利的英語，待人接物和藹可親。」

一九二八年，趙一荻與當時已婚的張學良於天津初相識，十六歲的她立刻被少帥的翩翩風采吸引。有多被吸引呢？就是趙四小姐居然不告知家人就選擇為愛私奔，追隨張學良到東北了。

雖然趙一荻是出生在二十世紀的新女性，但父母依然成長於十九世紀後半，一個仍以父母之命、媒妁之言為主的年代，就算父母觀念開通，願意給子女自由戀愛的空間，但好歹要獲得雙親對交友的認可（相信直到現在，「見父母」依舊是男女交往非常重要的關卡，也別具意義，往往代表男女雙方對關係賦予更多責任），結果趙一荻居然選擇不告而別地倒追男，讓趙家情何以堪？

一九二八年三月，趙慶華在《大公報》發表聲明，聲稱要與趙一荻斷絕父女關係，幾天後，甚至又聲言自身慚愧，宣布辭去交通部次長的職務。趙慶華如此決絕，等於斷絕趙一荻回趙家的退路，同時有一個人也對來到東北的趙四小姐懷有強烈敵意，就是張學良的妻子于鳳至。

前面提及于鳳至雖然放縱張學良在外面玩，但底線是不可以動搖她髮妻的地位。現在倒好，一個年輕有魅力的姣好女子直接殺到張家來，要是留下來，日久必定生變，這是于鳳至無論如何都無法接受的！

于鳳至對趙一荻拒不接受，逼得趙一荻跪求，聲明自身已毫無退路，發誓願意終生不要名分，唯求于鳳至接納。經過苦苦哀求，于鳳至有些心軟，小姑娘雖不懂事，但如果現在把她掃地出門，又有何容身之處呢？於是于鳳至提出幾個條件：

一、趙四小姐對外沒有夫人名分；

二、對外國人要稱是張學良的祕書；

三、對中國人要稱是張學良的侍從。

趙一荻連忙答應，自此成為張學良有實無名的伴侶，于鳳至雖然一開始仍有芥蒂，但經過一段時間發現，自己需要打理帥府內外，不能常伴丈夫左右，而趙一荻精通英文且善於交際，由她陪伴張學良能助其分憂；能幫助張學良，就是幫助張家群體，從大局上來看，趙一荻的到來有助於提升整體利益。從私人利益來看，于鳳至怕的是自身地位動搖，但趙一荻對自己頗為尊重，換言之，趙一荻是可控因素，且張學良若能在她身上獲得滿足，自然削減在外面鬼混的意圖，與其讓張學良又惹出什麼情債，帶回來不受控的威脅，還不如現在能夠維穩的局面。於是于鳳至漸漸與趙四小姐增進感情，兩個女人維持一個巧妙的平衡。

相對於趙一荻為愛走天涯，幾乎同一時間，另一位女性就保持更高的理智，此人叫蔣士雲，巧合的是，她的外號也是「四小姐」。

她的父親蔣履福是外交官，曾在義大利、法國等地任職多年，在此家庭背景下，蔣士雲能說北京話、上海話及流利的英、法語，成為北京社交圈的名媛。她與張學良相識於一九二〇年代末，據張學良回憶「（我）剛認識蔣士雲，她還是一個梳著兩條辮子的小姑娘」，兩人往來的同時，很有可能趙一荻也同時與少帥互動。但蔣士雲沒有任何出格行為，與張學良也漸漸地疏離往來。

蔣士雲後來嫁給中央銀行總裁貝祖貽，成為繼室。這則消息在當年震驚眾人，因為貝祖貽長她十九歲，甚至已有多名子女，其中後來成為著名建築師的貝聿銘（代表作是羅浮宮前的玻璃金字塔和東海大學的路思義教堂），只比這位年輕繼母小五歲而已。

從以上經歷來看，蔣士雲很有個人主見，不害怕別人閒話，不過倒追有婦之夫對她來說還是太超過了，即便心懷愛慕，仍懂得適度踩煞車，展現出極高的自我體察，無怪乎後來的人稱她為「人間清醒」。

雖然選擇不同，導致兩位四小姐走上相異的人生道路，不過這不是交集的終點，因為在相隔很長的日子後，她們與張學良還會上演一齣餘波盪漾的三角關係。

歷史巨變下的人情糾葛

對張學良來說，一九三〇年是他的人生頂峰，他因支持蔣介石打贏中原大戰，獲得中華民國陸海空軍副司令，但如果以張學良的視角，可能不認為自己到達頂峰，畢竟自己才三十歲，日子還長，總有機會百尺竿頭更進一步。

沒想到才到隔年，張學良的地位一落千丈，正因要幫助蔣介石，他將軍隊主力帶離東北，日本居然趁防務空虛之際，於一九三一年九月十八日突然進攻東北三省，史稱「九一八事變」。短短數月，東北全境淪陷，張學良賴以為生的地盤就這麼消失，讓他頓失倚仗。

同時，大批民眾對於丟失國土感到不滿，紛紛抨擊張學良，甚至到了編段子汙衊的地步。其中最著名的莫過於張學良因好色成性，明明聽到日軍突襲的消息，卻繼續沉溺在追逐女人的溫柔鄉中，以至於誤了國家大事。時任廣西大學校長的馬君武還賦詩兩首〈哀瀋陽〉，其中一首內容為：「趙四風流朱五狂，翩翩蝴蝶最當行，溫柔鄉是英雄冢，哪管東師入瀋陽。」

此詩提及三位人名，分別是趙四小姐趙一荻、民國實業家朱啟鈐的五女兒朱湄筠、電影明星胡蝶，此詩講張學良在前線告急時還在一男逗三女，展現他不知輕重的色中餓鬼形象，一時之間瘋傳大江南北，也讓他的名聲斷崖式下跌。

事實上，根據紀錄，張學良在九一八事變的當晚的確有出席社交場合，但聽到急報後，幾乎是立刻走人。且不說這種細微的舉止不一定能被當時大眾所知，但馬君武提的三位女子，趙一荻本就是陪伴在旁的祕書，朱湄筠於九一八事變前一年早已成婚，主婚人正是張學良，他就算真的有勾搭，要面子的他必然是暗中進行，哪會在大庭廣眾下曝光？胡蝶就更扯，九一八事變當晚，她還在前往北京的路上，連張學良的面都沒見上，談何風花雪月？馬君武罵是罵過癮了，但不明就裡地把不相干女子給潑了一身髒水，真可謂丟盡做學問的臉面了。

據說後來朱湄筠有機會和馬君武同桌吃飯，但馬君武根本不認得朱湄筠，朱湄筠說：「知道我是誰嗎？我就是被你寫到的朱五。我敬你一杯酒，我謝謝你啊，把我變成名人了！」馬君武立刻羞怯地當場離席，可見這個臉丟得連自己也承受不起。

在眾多抨擊下，張學良只能辭職下野，並藉口出國考察避風頭。後來雖然回國並重掌軍權，但失去東北地盤的他，補給都仰賴他人，日子過得愈來愈拘束。

無論是基於情感或利益，打回東北對張學良來說是勢在必行的優先目標，但主持軍政的蔣介石卻主張「先安內，後攘外」，避免國力貧弱的中國過早與日本發生衝突，所以蔣介石沒有理會張學良想打回東北的期盼，而是派他去圍剿共產黨。

終於，在理念分歧下，張學良做了一件驚天動地的舉動。一九三六年十二月十二日，張學良趁蔣介石視察西安的剿共前線之際將其綁架，這就是改變歷史走向的「西安事變」。

西安事變最終使蔣介石同意國、共兩黨暫時停戰，並宣布合作抗日。眼看優先對外的訴求達成，張學良為表示對蔣介石絕無謀害之意，於是力主無條件釋放蔣介石，並陪同蔣介石搭機一起返回南京——結果一下機就被逮捕了。

一九三六年十二月三十日，張學良交付軍事法庭審判，判決如下：「張學良首謀夥黨，對於上官暴行脅迫，判處有期徒刑十年，褫奪公權五年。」蔣介石很快呈請政府對張學良「應得罪刑，予以特赦。並責令戴罪圖勛，努力自贖」。而政府迅速明令公布：「張學良所處十年有期徒刑，特予赦免。」

事態發展至此，是否讓各位覺得「張學良有擔當，蔣介石夠寬容，讓所謂的懲戒高高舉起、輕輕放下」？

不好意思，我還有一句政府的命令沒講完，就是：「仍交軍事委員會嚴加管束。」於是張學良表面上任何罪刑都被豁免，但實際上卻因「管束」而就此失去自由，展開遙遙無期的幽禁生活。

西安事變爆發時，趙一荻一如過往地陪在張學良身邊，眼看張學良飛到南京就立刻被論罪，之後又被宣布管束，趙一荻義無反顧地趕赴南京，只為照料張學良。至於于鳳至此時人在英國，因為一九三三年，張學良因九一八事變而下野出國考察時，覺得英國的學習環境優良，於是安排三名子女在當地留學，于鳳至便留在英國照顧子女。如今丈夫被軟禁，于鳳至趕緊回國陪伴。

此時岔題一下，說說被管束的張學良處境為何。根據他在一九三七年一月二十三日的日記，他的一天為：「擬定起居表八點起，運動十分鐘，入廁、洗面等等至九點。九點早餐，讀書一、二小時，習字半小時。十二點半至一點午餐，走一走約十五分鐘。一點半至二點午睡一、二小時。四點讀書一小時。十點至十一點睡。」

不知各位感覺如何？我的第一個念頭是：「這太無聊了吧！」試想大多數時候，行動自由被限制，除了看管自己的侍衛，根本見不到親朋好友，衣食雖無缺，但因被監視，娛樂方式也大大限縮，張學良的生活只剩吃飯、睡覺、讀書、運動……簡直讓我想起疫情期間，自己因檢測出陽性反應，雖然完全沒有任何不適狀況，但依舊要強制在家被監控十天，過上那種惶惶不安又窮極無聊的鳥日子。這樣的生活過一天會被人稱讚充實健康，過十天呢？三個月呢？好幾年呢？

張學良起初鬱鬱寡歡，好在有情人及妻子陪伴，才稍微恢復點精神。而于鳳至與趙一荻約好，兩人每月輪流照顧張學良，不過隨著張學良的軟禁地點被轉移到黃山，且蔣介石批示「于與趙只能有一人陪同」，趙一荻當時還要照顧年僅六歲的張閭琳，就決定由于鳳至照料張學良。

此後，于鳳至陪著張學良不斷轉換軟禁的地點。一九三九年，張學良被轉移到湖南鳳凰山，看到這地名，張學良心有所悟，於是賦詩一首：「卿名鳳至不一般，鳳至落到鳳凰山。深山古剎多梵語，別有天地非人間。」顯示兩人在患難中彼此扶持的情意，但到了一九四〇年，于鳳至被診斷罹患乳腺癌，身體極度虛弱，甚至常在深夜被劇痛折磨到呻吟出聲。眼看髮妻痛苦難耐，張學良請求蔣介石批准妻子赴美治療，而趙一荻則接手照料張學良的責任。

當趙一荻請求有人代為照料兒子，從香港趕赴張學良身邊；當于鳳至離情依依卻又不得不離開丈夫時，或許眾人都沒想到，此後眾人再難相見，因為張學良的軟禁之路非但沒有結束，還將更加曲折，遠超所有人的預期，只因中國的政局將發生驚天動地的變化。

風雲流散，天各一方

一九四五年，中、日八年抗戰落幕，中華民國獲得勝利並讓東北三省重回版圖。但張學良非但沒有結束被幽禁的生活，還在一九四六年與趙一荻被轉移到大海彼岸的臺灣。

張學良在臺灣最初被安置在新竹縣五峰鄉，一九四七年，二二八事件爆發，全臺治安不穩，負責看守張學良的軍官甚至收到明令，要是情況失控，直接格殺張學良！張學良的幽禁生活不只是表面上枯燥乏味，骨子裡是隨時面臨死亡威脅。

那麼張學良有因為壓力而愈過愈頹喪嗎？

事實上，張學良心臟超級大顆，據他的說法是：「就算明天槍斃我，今晚我還是能倒頭大睡。」而且他做人相當「袒裎相見」，我是指物理上的那種，因為他嗜好裸睡，甚至喜歡裸泳，搞得本來住在新竹山區的原住民婦女，動不動就看到一個大男人不是在河邊準備裸泳，就是已經在河裡暢快游泳，十足地傷眼睛。

正所謂靜極思動，由於幽禁生活太無聊，白天時，張學良會拉著趙一荻養雞，一來解悶，二來還可以為自家增加糧食。

二二八事件時，張學良遇過斷糧危機，多虧原住民贈與番薯才度過難關，大概是感念當初恩惠，張學良會不時將吃了一半的燒雞、燒鴨、蘋果丟入河中，讓原住民可以拾取打牙祭。如果有人看到這裡會吐槽：「等一下！都是丟吃一半的東西，這是丟廚餘，哪算報恩呀？」必須解釋，張學良當時被嚴加看管，沒有與人互動的自由，所以他沒辦法直接找人送東西，只好用上述方式表達善意了。

至於晚上，當然是做愛做的事啦！根據張學良在一九五七年一月四日寫下的內容：「今日春性又大發，血氣將衰之人，戒慎為是。」幾天後的一月十三日又說：「今天又少年性發，同Edith（趙一荻）大肆玩弄，將近六十歲的人，仍不脫少年稚氣，可喜不知老之將至，可笑老了還不知保重。」當時的張學良已經五十六歲，還如此性趣盎然，我想說：「他老兄之後還會展現別有性致的時候，只能說這人實踐十幾歲到一百歲都吾道以一貫之呀！」

當張學良與趙一荻在臺灣相依為命時，在美國的于鳳至也沒閒著。當初她為了治療癌症來到大洋彼岸，好不容易身體康復，又看到即便抗戰結束，蔣介石依然沒有放人的意思，就把子女招來美國度日。

不過此時的張家可謂處境艱難，東北老家的產業自從九一八事變後，一直沒能要回來，本是一家之長的張學良又長期被管束，自然不可能有額外收入養家，張家的老本在年年耗損下，只怕就要坐吃山空。

此時母兼父職的于鳳至爆發出驚人潛力，大家還記得她家庭從事什麼行業？答案是：經商。正所謂富貴險中求，于鳳至將僅存的老底拿去投資兩項高風險但也高回報的項目，就是房地產及股票。

這裡要提醒，投資一定有風險。很多人希望自己在股海掘金裡一本萬利，但一個不小心就讓自己血本無歸，于鳳至就是屬於那種極少數靠炒股就讓身價直線起飛的天才。她狠狠地大賺幾筆，不能說實現財富自由，但至少養活一家老小不虞匱乏。當張家在美國足以安居樂業後，于鳳至此時只剩一個最大的願望——究竟何時，我才能與丈夫破鏡重圓呢？

鏡頭重新轉回到在臺灣的張學良，他渴望重獲自由，為此他曾積極配合蔣介石的指示，例如一九五七年初，蔣介石指示張學良撰寫回憶錄，張學良立刻執筆趕稿，在四月就完成初稿。內容直指中共「包藏禍心，別有所圖」，又讚揚蔣介石在西安事變中「剛正嚴厲」，最後自貶「行動魯莽，思想幼稚，可恥而又可笑」。

如此積極自貶，自然是為了讓蔣介石滿意，事實上，蔣介石高度評價他的回憶錄，但還是親自修改稿件部分內容，並要張學良再親筆一份。這時要說一個題外話，張學良向來心高氣傲，他被蔣介石轉移到貴州，然後聽到蔣介石表達：「這裡是王陽明先生悟道的地方，希望你在此反省。」張學良雖然表面悶不吭聲，但私底下大發脾氣：「明史中我最不屑王陽明！這不明擺著在噁心我嗎？」大家可以設想，當張學良已經刻意自貶，蔣介石在改稿後要他再寫一次更自貶的文章，張學良心中只怕是一萬匹草泥馬跑過！但為了自由，他仍舊積極配合，完成蔣介石的指示。

當年，蔣介石父子曾先後接見張學良，讓他認為事情要成功了。據看守張學良的人回憶：「（張學良）以為要放了，那興奮的樣子真是手舞足蹈。」沒想到在一九五九年，一向對他多加維護的宋美齡告訴他：「你的問題，時間還要久啦，需要有忍耐。我人一切都是上帝的安排，願多作禱告。」張學良一聽這話就心寒了，對自由再不抱幻想，回憶錄也不寫了。

張學良的長期軟禁反倒促成另一段姻緣。由於長時間與宋美齡互動，張學良後來信仰基督教，宋美齡也相當欣賞趙一荻，於是勸張學良秉持基督教一夫一妻的原則，索性和趙一荻正式結婚。

張學良眼看自己短時間很難重獲自由，與其同時耽誤在美國的元配和陪伴身旁的愛人，不如順勢而為，於是在一九六四年七月四日，六十三歲的張學良與五十二歲的趙一荻結婚，此時距離兩人初相識，已過了三十六年。

于鳳至得知消息後，自然相當不悅，甚至在回憶錄中責備趙一荻違反當年的誓言，但她也知道，此時大家都身不由己。但她也有自己的堅持，儘管丈夫與自己結束婚姻關係，儘管丈夫好像沒有重見天日的一天，但她認定：「生是張家人，死是張家鬼！」她與張學良的連結不因外在身分改變而有所動搖，只因她心有所屬。

對於趙一荻而言，陪伴張學良雖然讓她失去人身自由，卻也將兩人緊緊繫在一起。晚年的趙一荻曾對張學良笑罵道：「不是西安事變啊，咱倆也早完了，我早也不和你在一塊堆玩了，你這個胡三仔（形容胡亂瞎鬧），我也受不了。」張學良也老不正經地表示這話還真有幾分道理，畢竟按自己的個性，要不被關住，應該一天到晚去找其他女朋友了。

一九七五年，與張學良「關懷之殷，情同骨肉；政見之爭，宛若仇讎」的蔣介石去世了，他沒有恢復自由。一九八八年，蔣介石的兒子、執掌中華民國政局的蔣經國也去世了，張學良還是沒有恢復自由。

時光飛逝，敵友逐漸凋亡，張學良也衰老了，儘管這些年對他的禁制逐步放寬，從不得離開住所，變成能上街採買及散步，但張學良依舊被重點看管。有沒有可能，他也以為自己將如此這般地度過餘生？

不過，張學良的晚年卻又活出另一番精彩！

老兵不死，影響非凡

一九九〇年，時任中華民國總統的李登輝宣布讓張學良成為自由之身。儘管他已是九旬老人，但這個消息還是很快在華人間造成轟動，畢竟所有人都想知道這位影響中國歷史走向之人的事蹟。

為顧維鈞、李宗仁寫過回憶錄，並記錄胡適晚年生活的歷史學家唐德剛，曾採訪過張學良，最終出版號稱「一部未完成的回憶錄」的《張學良口述歷史》，是研究張學良事蹟的重要參考依據。

為何唐德剛沒能完成？居然又與張學良的情愛糾葛相關！據唐德剛所說，張學良在一九九一年訪美期間，有一個人負責陪伴及接待，就是早年與張學良有過情愫，後來移居美國的蔣士雲。

趙一荻看張學良訪美的錄影帶，見到唐德剛請張學良與蔣士雲一起吃飯，而蔣士雲這個昔日情敵還頻頻為張學良夾菜，趙四小姐醋意大發地罵道：「唐德剛真不是東西！」之後就不准唐德剛繼續為張學良做口述歷史。

如果此事是真，不得不說這是中國現代史上的遺憾，而且最後誰都沒有獲得好處，後來張學良的口述歷史由張之宇、張之丙兩位姊妹記錄，而這兩人正是由蔣士雲介紹牽線，也就是說，趙四小姐依舊沒有切斷蔣四小姐與少帥的牽連。之所以說是遺憾，乃是張氏姊妹完成的口述歷史成果，被人發現有諸多錯字或史實上的錯謬，這是因為兩人並非研究中國現代史的專家，無法及時與受訪者進行對照或事後校正。讓張學良口述歷史的價值大打折扣，也讓後世史學家在研究時感到遺憾。

再多提幾句，即便是唐德剛的回憶錄，後人也多有批評，其中一個原因是：關於西安事變的紀錄實在太少了。不過這個問題其實不能怪唐德剛，因為張學良說過：「我自個兒決心，西安的事，我至死不說一個字！」張學良這個老不正經的，反而對聊自己的感情過往相當有興致，以至於訪談中居然出現：「等我沒料的時候，沒有錢啊，咱倆合作寫一部豔史。」

只能說牛牽到北京還是牛，少帥活成老帥依舊是張學良，性致依舊不減，只是變成他喜歡的樣子呀！

對張學良來說，長壽是一種幸運（特別是早年吃喝嫖賭樣樣來，居然還能活成人瑞，而且九十歲高齡時，思考依舊清晰，口齒仍然利索，根本天生神力），讓他最終撐過漫長的幽禁歲月，但同時也是種悲哀，他必須眼睜睜看著至親至愛之人一個個離去。

他的元配于鳳至享壽九十三歲，乍聽之下是讓人羨慕的長壽，但卻充滿遺憾，只因于鳳至是在一九九〇年三月二十日過世，而張學良是在當年重獲自由，直到隔年才有機會去美國探望親人。換言之，于鳳至終究未能與丈夫重聚，而張學良最終只能看著元配墓碑刻著「張于鳳至」的名諱，徒感唏噓……

至於陪伴張學良半世紀以上的趙一荻，曾參與張學良的訪談紀錄片《世紀行過》，年超七旬的她與張學良一搭一唱，可見那段不容易的時光，讓兩人產生特別的默契及回憶，以至於情敵蔣士雲儘管批評趙一荻為人很小心眼，卻也感嘆道：「能這樣陪少帥半世紀，那是很不容易的。」一九九三年十二月十五日，張學良與趙一荻選擇定居美國夏威夷。二〇〇〇年六月十一日晚上，趙一荻想吃些東西，又不願驚動傭人，遂親自去取，卻不慎跌了一跤。家有長輩的都知道，老人家摔倒是多麼嚴重的事，儘管趙四小姐被緊急送醫搶救，最終仍在二十二日離世，享壽八十八歲。

趙一荻的離去，很可能對張學良造成重大打擊，他於隔年，即二〇〇一年十月十四日過世，結束他那掀起眾多波瀾的百歲人生。

多提一句，蔣士雲於二〇一六年十月二十六日病逝紐約，享壽一百零四歲。我不禁感嘆與張學良往來親密的人物，居然都如此高壽。

行文至此，感慨萬千，一是感慨大時代下的人際往來是多麼造化弄人，二是這其中的人物情感即便在將去之際卻依舊那麼濃烈。

最後，我想用基督教《聖經》的一段話，抒發我對以上感情的感慨：「求你將我放在你心上如印記，帶在你臂上如戳記。因為愛情如死之堅強，愛情，眾水不能熄滅，大水也不能淹沒。」（〈雅歌〉第八章第六、七小節。）

藝之章

在塵世紛擾中翩翩起舞

民國電影巨星胡蝶

如果說哪種人的感情糾葛最抓人眼球，「演藝人員」即便不是獨占鰲頭，也能說是名列前茅了。畢竟演藝人員需要吸引觀眾眼光，曝光度極高；加上人類有追求娛樂的需要，而演藝人員就是最能滿足此類心理需要的職業，造就演藝人員的私生活往往成為大眾的談資。

隨著清末民初，報紙、雜誌、廣播等眾多新式媒體登場，演藝人員的影響力遠超過往，但隨之而來的是各種真假難辨的流言蜚語及小道消息，讓演藝人員頭痛不已。例如有這麼一位人物，她的真名鮮有人知，而提起她的藝名，眾多後人想到的不是藝術成就，而是她讓政治要員迷戀到因私廢公或喪心病狂的傳聞。

她叫胡蝶，一個引發諸多花邊新聞的電影明星，究竟她締造了什麼傳聞？其中孰真孰假？只能娓娓道來了。

被生活鍛鍊的菜市場名女孩

胡蝶，原名胡瑞華。胡家祖籍本在廣東鶴山，不過胡蝶父親擔任京奉鐵路的總稽查，導致常因公務而需要舉家搬遷，因此本該是廣東兒女的胡蝶在一九〇八年三月二十三日出生於上海。

據胡蝶的說法，她的童年雖深受父母關愛，但母親只有生下她一位獨女，沒有手足可以一起玩樂，就算能和別家同年齡的小夥伴玩，友誼卻隨時因搬家而無疾而終，這讓小胡蝶時常感到寂寞。

但也因為想在陌生的新地方交朋友，小胡蝶會特別注意不同地區的口音，並迅速模仿，這個習慣為她後來的演藝人生帶來極大幫助。

從小只要居住地有木偶戲或燈影戲演出，胡蝶一定會請求父親帶她觀賞，展現天生對演藝藝術的興趣。

到了一九二四年，十六歲的胡蝶又隨家人搬到上海（為什麼要說個又字？因為胡蝶八歲搬到天津住過一年，九到十五歲則舉家搬回廣東生活），那時她偶然看到「上海中華電影學校」剛創辦並發布招生訊息。

這裡要先岔題，說一下演藝人員在傳統社會的地位。

一八六六年編纂的羅存德《英華字典》，記錄社會底層的下九流為：「醫卜星相優娼皂隸丐。」其中，「優」就是包含演戲在內的演藝人員，從他們與靠性服務掙錢的娼並列，可見中國傳統社會對演藝人員的鄙視。

鄙視鏈不只存在無形的社會觀感，甚至被法律明文記錄。一八七三年的晚清社會，曾爆發轟動社會的「楊月樓案」，該案件是因當紅京劇武生楊月樓與廣東富商千金韋阿寶戀愛，但韋家拒絕兩人結婚，因為《大清律例．戶律》第一一五條規定：「凡家長與奴娶良人女為妻者，杖八十，女家主婚人減一等，其奴自娶者，罪亦如之。」意思是如果地位卑賤的人與良家子女通婚，男方家長要杖打八十下，女方家長則能略為減刑。且不說韋家嫌楊月樓身分丟人，雙方真結成親家，政府送來的可不是賀禮，而是一頓打呀！

楊月樓與韋阿寶不顧家人反對和政府禁令，依然強勢完婚，代價就是官府立刻判處兩人婚姻無效且要強制分離，韋阿寶被掌嘴二百，楊月樓則判流刑，若非正逢慈禧太后四十大壽大赦天下，讓楊月樓得以被赦免並能繼續從事京劇事業，只怕一代頂尖武生就要客死異鄉了。

「楊月樓案」後來被列為清末四大奇案之一，與其他三個案件相比，該案有一個特殊地位，它並不涉及冤屈。因為官府判刑完全遵照當時法律，所以楊月樓與韋阿寶明知故犯的行為是刁民無誤。之所以引發軒然大波是因為當時已有西方思潮傳入，觀念新穎人士才對此案的傳統觀念大加批判。

雖然胡蝶身處的一九二〇年代已距離楊月樓案五十多年，中華民國也早在最初頒布的《臨時約法》第五條強調：「中華民國人民一律平等，無種族、階級、宗教之區別。」但社會觀感並非說改就能改，胡蝶的決定，若遇到觀念傳統的家長，說不定就被直接斥責：「妳是不是瘋啦？乖乖讀書，好好做人不行嗎？」

但胡蝶的父母是真的寬容女兒，居然沒有絲毫反對，並同意她報考電影學校。於是胡蝶興高采烈地準備報名，然後看到電影學校對報考學生的第一個要求：取藝名。

有道是「藝名取得好，出名就會早」，其實這句話是我瞎編的，不過對於需要能見度的藝人來說，響亮的藝名絕對能幫助自己抓住他人目光（舉個例子，如果有一個人叫「吳俊霖」，大部分人只會覺得聽起來普通，但同樣的人要是取名叫「伍佰」，就是記憶深刻了）。

本名胡瑞華的胡蝶，其實最初想到的藝名是「胡琴」。這名字是挺有記憶點，但胡蝶愈想愈覺得：「胡琴、胡琴，豈不是整天讓人拉來拉去嗎？我這個人雖然能隨遇而安，卻也不想被人拉來拉去呀！」思考再三，突然她靈光一閃：「胡蝶！胡與蝴同音，當個蝴蝶可以自由地飛來飛去，就這個名字了！」

冉冉上升的明日之星

改名的胡蝶順利通過考試，經歷半年學習後畢業。沒多久，她參演電影《戰功》，完成銀幕首秀。那時胡蝶的演技還非常「菜逼八」，例如有一場戲，胡蝶扮演的角色要替對方擦眼淚，為了避免鏡頭反光，對方戴的眼鏡刻意拿掉鏡片，結果拍攝時，胡蝶居然傻傻地直接拿手絹穿過鏡框去擦，急得導演大喊：「卡！」胡蝶當場就嚇愣了，手居然繼續插在鏡框裡面沒抽出來，導演接著大吼：「哪有人擦眼淚直接穿過鏡框？假戲還得真做，抬起鏡框再擦呀！」

人菜沒問題，關鍵要努力，天王巨星也需從基礎起步磨練。（像是喜劇天王周星馳，早年只能擔任出場就被打死的龍套演員，所以靠著兼差當兒童節目主持人訓練口條。）胡蝶一來是美女，出道時是默片時代，由於只有畫面、沒有聲音，演員完全可以靠臉吃飯，所以光靠賣相就能讓她持續接片；同時她也有技不如人的自知之明，憑著本分要顧好的責任感，對於演技培養相當積極，以至於當年以暴脾氣聞名的導演，在指導胡蝶時也罵不下去，反而因為她的認真而傾囊相授，終於在天助自助下，胡蝶迎來她的熱門成名作——《火燒紅蓮寺》。

《火燒紅蓮寺》改編自平江不肖生的武俠小說《江湖奇俠傳》，大致內容是湖南省瀏陽、平江兩縣居民時常械鬥，有一天，平江縣來了個開掛的外援俠客，暴打瀏陽縣陣營，瀏陽縣居民為了報仇，推派一個少年去學習崑崙派大師金羅漢的功夫。少年後來武藝大成，返鄉途中投宿紅蓮寺，發現寺廟拐帶良家婦女，於是少年 call out 其他武林小夥伴，一同攻打機關重重的紅蓮寺。

如果你對以上劇情感興趣，我可以先負責任地告訴你，千萬別去看！雖說是武俠小說，但裡面的大俠都是伸手一個飛劍、抬手一記掌心雷，你以為看的是動作片，但根本在演魔幻片。劇情就是一個人打怪，遇到困難就叫小夥伴；一群人打怪，遇到困難，又叫其他小夥伴；再遇到困難，又呼喚其他小夥伴繼續打怪，真是要多精彩就有多草率的套路。

不過我必須憑良心說，以上吐槽只是以今日的眼光去看，畢竟許多事物是踩在前人的肩膀上才得以精進，就好像武俠小說宗師級的金庸，也是受到更前一代的武俠小說家影響才得以誕生。或許看好幾個世代前的作品會覺得詭異和落伍，但如果把每一個時代串連起來看，就會發現那些過往是在延續前人成果，並促進後來者的發展，它們在特定時代展現出特定的榮光及意義。

《火燒紅蓮寺》就是很經典的範例，以今天眼光來看，它可能是五毛特效都不如的B級片，但在一九二〇年代的中國，觀眾感到驚呆了……簡直太炫了！角色會馭空飛行，掌心雷居然做出閃光特效，活了大半輩子，沒看過這麼刺激且現實無法出現的大場面呀！

由於電影超級熱門，電影公司一連拍了十八集系列作，簡直媲美超級英雄電影。而其他電影公司眼見有利可圖，紛紛推出類似題材，諸如《火燒青龍寺》、《火燒百花臺》、《火燒七星樓》、《火燒韓家莊》、《火燒平陽城》……反正遇事不決，就選某個地方燒一燒並賺到票房，由此可見《火燒紅蓮寺》已是當年的現象級作品。

胡蝶在第二集參演，火紅的作品與她的天生麗質相互輝映，直到晚年移居加拿大，當地還有華人影迷對她說：「我看過您的《火燒紅蓮寺》，那時我只有七、八歲，但（您演的）紅姑在銀幕上徐徐飛行的輕功，我至今還記得，您那時演得真夠瀟灑！」

事實上，在那個電影草創的年代，為了演出凌空飛行的橋段，演員會被吊在半空中，被巨型電風扇狂吹，才能製造出效果，重點是唯一的保護措施，只有一根繫在腰上的粗鐵絲，要是鐵絲斷了，演員會直接從好幾公尺高摔下來，根本玩命演出。胡蝶回憶有一次和一位男星演共同飛行的橋段，開拍時，突然聽到「啪」一聲，胡蝶登時嚇得魂飛魄散：「鐵絲斷了！」慌亂之下，她只能緊抱著男星，想說靠著男星的鐵絲撐下去，男星也緊緊抱著胡蝶，等到兩人降落，卻聽男星說：「幸好有妳！我的線斷了，要是沒有妳抓著，摔下去不死也重傷。」胡蝶這才意識到，當時是她拖著男星飛行，可見演員固然表面光鮮，但檯面下都是少有人知的辛酸血淚呀！

胡蝶

邁向影后

靠著《火燒紅蓮寺》，胡蝶已是炙手可熱的明星，但真正讓她攀上巔峰的關鍵是她正好遇到電影技術的革新，就是有聲電影誕生。

電影最初只有影像，沒有任何音效，這類型的影片被稱為「無聲電影」。演出無聲電影的演員不須開口說話（說了也無法錄製到影片中），而是只要聚焦在肢體動作及臉部表情，所以有些演員背臺詞的能力儘管差勁，但依舊能靠臉吃飯。

胡蝶回憶一九二〇年代有位當紅小生朱飛，每次開拍時根本就是脫稿演出般「喇賽」。有一次朱飛與阮玲玉演對手戲，臺詞明明就是在商量陰謀，朱飛居然一邊露出詭譎陰險的表情，一邊講笑話，搞得阮玲玉根本無法入戲而笑場。（臺灣古早拍片似乎也有一些演員不會記臺詞，但因為默片只需要嘴型對上即可，所以這些演員只要記得臺詞字數，例如臺詞是「我愛你，我永遠愛你」，這些演員開拍時就念「一二三、一二三四五」。）

但到了一九三〇年代，有聲電影開始在中國出現，演員必須口條與身段兼具，這時話講不清楚，甚至像朱飛這種連臺詞都記不熟的混水摸魚之輩，完全失去演出機會。而比口條更難克服的新挑戰，就是語言。

中國疆域廣大，不同省分有各自的方言，在無聲片時代完全不是問題，不管演員講什麼話，觀眾只要讀字幕就好。可是在有聲片時代，觀眾多了聽覺的刺激，就不會滿足只看字幕，而會去計較演員講話語氣是否同樣有戲劇性，以及最基本的要求，要能聽懂。

前面提到胡蝶的第一部戲有個鏡頭要幫人擦眼淚，與她演對手戲的人叫張織雲，在無聲片時代可是知名演員。但到了有聲片時期，張織雲只演了幾部片就淡出影壇，因為張織雲講話有濃厚的廣東腔，只能接演粵語片，但粵語片市場有限，張織雲便只能與螢光幕漸行漸遠。但對胡蝶來說，有聲片完全不是困難，反而是契機。

首先，她童年走過大江南北，通曉數個地區的口音，讓她能接演的戲路比一般演員多。再來她在無聲片時期就相當敬業，儘管臺詞不收音，仍會仔細揣摩，所以口條相當俐落。

眼看胡蝶容貌正盛而且能言善道，片商立刻邀請她成為中國第一部有聲電影《歌女紅牡丹》的女主角，之後更是片約不斷。

一九三三年元旦，上海《明星日報》以「鼓勵諸女明星之進取心，促成電影之發展」為宗旨，發起一場評選電影皇后活動。胡蝶獲得二萬一千三百三十四票，而排名第二的陳玉梅是一萬零二十票、第三的阮玲玉是七千二百九十票，可謂壓倒性優勝，贏得「電影皇后」的稱號。隔年的「中國電影皇后競選」，她又再度獲得冠軍，證明她就是影壇中最炙手可熱的影后。

胡蝶獲得巨大成功的同時，連帶提升女性的地位。本來按胡家祖制，逢年過節要祭拜祖先時，女性不准進祠堂，更沒有資格登錄在族譜上，但成名的胡蝶破例被列入族譜，這讓她感嘆：「當婦女一旦在這個社會顯示出自身的力量時，連最森嚴的禮教都刮目相看了。」由此可見，胡蝶不只是被新時代眷顧，同時還加速時代的更新。

從少不經事到永結同心

既然胡蝶是當時公認的美女級巨星，她的感情生活自然格外受到大眾關注。

胡蝶第一段公開的戀情，對象是同屬演員的林雪懷，兩人最初一起在《秋扇怨》演出，之後多次螢幕同臺登場。兩人相識之初，胡蝶只是不到二十歲的年輕女孩，大概還不能很好地把握戲裡戲外的心境切換，在戲劇情節的加持下，兩人的愛火被點燃，最終在一九二七年三月二十二日，於上海月宮舞場高調宣布訂婚。

問題是此後胡蝶的星途一路高歌猛進，林雪懷卻逐漸失去演出機會。本來林雪懷想轉行經商證明自己的能力，胡蝶也拿出積蓄鼎力資助，想不到他做生意的能力不行，接連失利下索性去聲色場所尋歡作樂。胡蝶察覺林雪懷日漸荒唐，知道自己所託非人，但還沒等她有動作，林雪懷反倒發出一封言詞激烈的「斷交信」。

原來胡蝶身為娛樂明星，怎麼可能沒有八卦緋聞。特別是民初許多小型報章雜誌為求銷量，常捕風捉影、瞎編故事，有關胡蝶的花邊新聞因此頻繁出現。林雪懷就拿著這些傳聞，指責胡蝶生活作風有問題，兩人原有婚約無效。

胡蝶這下怒了，兩人婚約的確走不下去，但問題根本出在男方，怎麼現在卻把鍋甩在女方身上？胡蝶對林雪懷提出訴訟，這場「蝶雪解約」的官司耗時一年，最終以林學懷敗訴，需支付賠償金作收。

時隔多年後，胡蝶在回憶錄說：「那時大家都是青年人，應該說生活閱歷很差，行事也欠缺周全的考慮。」雖然她沒有透露太多細節，但也承認：「這件事曾在一段時間內，在我心裡留下不愉快的陰影。」

與林雪懷分道揚鑣後，胡蝶逐漸邁向影后之路，想必在此期間，她見過眾多追求者，而最終贏得她芳心的人物，可謂平平無奇到讓人大跌眼鏡，這人就是在胡蝶回憶中，一生的摯愛——潘有聲。

胡蝶最初是在一個私人茶舞會認識潘有聲，當時他在禮和洋行服務，後來轉到德興洋行擔任總經理。其實說他「平平無奇」並不精準，畢竟能當到外商公司的總經理，怎麼會是一般人呢？但問題是他的條件放在胡蝶的交際圈中，無論是長相、才藝、資產，真的就是毫無存在感了。

但就是這位不顯眼的潘有聲，在兩人相識六年後，贏得女神青睞，最終在一九三五年十一月二十三日結婚。究竟潘有聲掌握了什麼關鍵訣竅，讓他能抱得美人歸呢？

答案就是，潘有聲沒說，胡蝶在回憶錄也沒提，所以我不知道。

且慢，不要有燒書的衝動。雖然胡蝶沒有交待這段愛情長跑中的細節，但當她回憶與潘有聲相處的時光，她曾說道：「他做事情扎扎實實，待人誠懇，講信用，肯動腦筋。我們認識六年，前四年我和他從未單獨出去過，做為一個演員，也許讀者覺得我未免太古板些了。這期間，有客觀的因素，也有主觀的因素。在我，拍電影的銀色生涯需要更進一步去追求；在他，需要有更雄厚的事業基礎才來成立我們的新家庭。」

或許我們可以總結潘有聲的特點是：給予胡蝶尊重、願意負起照顧女方的責任、支持及關懷胡蝶。

不知道大家看到以上幾點，會不會有：「就這樣?!如此平凡無奇？」

感情的事雖然非常私人且難以評論，但面對胡蝶可不是一件簡單的事。身為影后，圍繞她的八卦難道會少？在謠言滿天飛的情況下，男方能夠一直保持信任及敬重？另外胡蝶片約不斷，想必收入不少，男方能夠坦然接受女方比自己更有成就（特別是在男尊女卑被視為理所當然的年代）？男方能在女方處於強勢下，依舊保持上進心態而不軟爛？

林雪懷就是無法好好面對女方處處比他強，最終心態崩盤，所以潘有聲面對聲勢處於頂峰的胡蝶，依舊能擺正心態，讓胡蝶勞碌奔波時，永遠有一個可以讓她心安的依靠，潘有聲難道不夠強大？這或許也是胡蝶願意託付終身的原因了。

正所謂「人紅是非多」，無論是追求中，或是已經結為連理，胡蝶與潘有聲面臨的挑戰是超乎常人想像的險惡異常。

成為紅顏禍水？

提到胡蝶，她在歷史上最知名的形象，就是讓張學良沉溺溫柔鄉，導致整個國家損失十分之一的疆域。

這個傳聞源自一九三一年的「九一八事變」，當時民憤四起，並紛紛指責：「張學良為何坐視國土淪喪？」有八卦消息傳出張學良收到日軍入侵的消息時，只顧著與電影明星胡蝶跳舞，因而錯失抵抗良機。

民眾不管是非曲折，連胡蝶都一起遭受猛力抨擊，其中尤以廣西大學校長馬君武為代表，他創作詩詞〈哀瀋陽〉諷刺道：「趙四風流朱五狂，翩翩蝴蝶最當行。溫柔鄉是英雄冢，那管東師入瀋陽。告急軍書夜半來，開場弦鼓又相催。瀋陽已陷休回顧，更抱阿嬌舞幾回。」

〈哀瀋陽〉是仿照唐代詩人李商隱創作的〈北齊〉，本來的詩詞為：「一笑相傾國便亡，何勞荊棘始堪傷？小憐玉體橫陳夜，已報周師入晉陽。巧笑知堪敵萬機，傾城最在著戎衣；晉陽已陷休回顧，更請君王獵一圍。」

其典故是南北朝時期，北周對北齊發動攻勢，北齊皇帝高緯接到急報，他正與寵妃馮小憐打獵，馮小憐請皇帝再獵殺一圍才走，而高緯聽從其言，最終北齊的軍事重鎮晉陽就在未能獲得馳援的情況下淪陷，同時敲響北齊滅亡的喪鐘。

馬君武用歷史典故加上詩詞中的「翩翩蝴蝶最當行」，簡直把胡蝶比喻為導致國家崩壞的紅顏禍水。且先不提把國家滅亡的責任丟給並無實權的女性承擔，真正的關鍵是，胡蝶根本沒遇見張學良呀！

一九三一年，胡蝶隨劇組赴北平拍攝外景，還沒到目的地，九一八事變就已經爆發，胡蝶與團隊因交通阻塞而比預定時間更晚抵達北平，所以根本不存在她與張學良共舞而延誤軍機的可能性。

問題是當年的媒體不像現在能及時更新，很多傳聞一旦放出，從此就在群眾心中種下難以抹滅的刻板印象。

胡蝶自此背負莫名其妙的罵名，甚至直到一九六四年，五十多歲的胡蝶出席在臺灣舉辦的第十一屆亞洲影展，還有記者詢問：「您這趟來，要不要見見張學良？」如果是我，聽到多年前的不實傳言又被掀出，就算不破口大罵，大概白眼都要翻到後腦勺了，但胡蝶只是相當體面地回答：「專程拜訪就不必了，既未相識就不必相識了。」

面對幫忙撰寫回憶錄的作者詢問有關九一八的謠傳，胡蝶則說：「我並不太在乎，如果我對每個傳言都那麼認真，就無法全心全意地從事電影演員的工作了。和張學良跳舞的事情鬧了近半個世紀，現在不都澄清了嘛。」最後還是感嘆：「該結束了吧？這段莫須有的公案。」

此時我想提問，如果你是潘有聲，看到心儀的對象突然被全國民眾咒罵，你還敢不敢繼續追求？

除了與張學良的不實傳聞外，胡蝶另一個知名事蹟是她成為特務頭子戴笠的情婦。簡單介紹一下戴笠，此人主管國民政府軍事委員會調查統計局（簡稱為軍統），負責情報、滲透、暗殺等事宜，圍繞此人的傳聞很多，但其中有個一致性的說法，就是此人相當好色。

一九三七年，中、日戰爭爆發，為躲避戰火，胡蝶與丈夫先移居香港，之後輾轉來到重慶定居。根據曾在軍統擔任要職的沈醉所說，眼看美女影后到來，戴笠立刻動起心思，先是動用關係，讓潘有聲被派往外地出差，再來就是半央求、半強迫地讓胡蝶與他同居。

為了金屋藏嬌，戴笠在曾家巖中四路一五一號修築新居，該地別名神仙洞，他特別要求連夜趕工修築一條讓汽車直達門口的坡道，近百名工人修了半個月才完成，期間有兩個石匠被石條壓死，天天都有人受傷。一切都為了戴笠第一次帶著胡蝶乘車直達新居時告訴她：「費這麼大功夫，就是想讓妳少爬一點坡呀。」以此打動美人芳心。

每天早晚，戴笠總要讓胡蝶陪他去花園散步，而他先前曾與女祕書余淑衡打得火熱，於是為自己取個化名「余龍」，以示他是余家的乘龍快婿。但自從戴笠有了胡蝶，情況就變了，有次戴笠寫信時，正要寫下「余」字，胡蝶就撒嬌地「嗯」上一聲，戴笠知道胡蝶吃醋了，立刻在寫好的「余」字下面添上一橫，變成了「金」字，這就成為戴笠另一個化名「金水」的由來（戴笠認為自己命格缺水，才在名字裡加上水字）。

看到此處，我想問大家：「以上說法，你信嗎？」

先說胡蝶在回憶錄中，完全沒提過戴笠，不過她有提到自己與潘有聲有段期間的確分居，原因則是潘有聲需要外出辦公。

比起馬君武的不明就裡，沈醉的說法則是時間、地點完全能對上，不過他沒有提出直接的人證及物證，除非去問當事人，不然誰也不能肯定真假。

盛名之下，虛實難辨。有關胡蝶的傳聞，與今日明星總是容易被爆出各種緋聞極其相似。但張學良與戴笠都是足以撼動國家決策的重量級人物，這使得胡蝶一生都要背負他人的指指點點，其中的辛酸血淚，就不足為外人道了。

真正該被注意的胡蝶

之後的歲月，胡蝶在國、共內戰期間移居香港，並息影一段時間。直到潘有聲過世後，在片商再三邀請下，胡蝶才復出影壇，並憑藉著在《後門》的演出，奪得一九六〇年第七屆亞洲影展的最佳女主角獎，那一年她五十二歲。

一九六六年，胡蝶正式退出影壇，於一九七五年移居加拿大溫哥華，在一九八九年病逝於當地，享年八十三歲。

實不相瞞，我最初聽聞胡蝶的大名，就是她與張學良、戴笠的傳聞，為了解詳情，我特別閱讀胡蝶口述的回憶錄。

結果我大失所望，就不說她很少提到張學良，更沒有提過戴笠，至於和他交往過的林雪懷及潘有聲，她也提得不多。整本回憶錄絕大部分內容在說自己不同時期拍過什麼電影，以及中國電影圈相關的人事物和發展趨勢。

「誰要看這些東西！」這是我最初對《胡蝶回憶錄》的感想，我想要找的八卦一個都沒看到呀！但轉念一想，我突然感到慚愧，因為我簡直就像八卦週刊的狗仔隊，只想著扒出聳動的材料，卻何曾真正關注到胡蝶這個人的本質？

我想對於一個演員來說，她最想讓人知道的絕非感情糾葛，而是能讓人見識到專業和熱情。

從胡蝶對電影滔滔不絕地講述，可以看出她撰寫回憶錄最核心的目的是透過她的經歷，讓後人能更多認識電影的發展，並且一個演員曾為電影投入常人難以想像的熱情及代價。

讀完回憶錄的那一刻，我除了按照預定計畫，書寫她曾經的感情生活，但更想要讓讀者有機會認識到昔日電影皇后的風采，所以我在最後斗膽為胡蝶下一個評語：「胡蝶，她是當之無愧的優秀演員，更是位熱愛電影的電影人。」

做自己的主人

梨園冬皇孟小冬

一九三五年，莫斯科火車站的月臺上，眾多記者正翹首盼望，只因即將進站的火車載著兩位大人物。他們等待的是來自中國的演藝人員，一個是當紅的電影明星胡蝶，另一個則是被譽為中國傳統戲劇的最佳女演員梅蘭芳。眾多相機蓄勢待發，準備捕捉兩位明星的風采。

火車到站，隨著車門開啟，記者們看到一位亮麗的美女，他們趕緊按下快門拍照，並連連讚嘆：「真不愧是中國最受讚譽的女演員，梅蘭芳小姐實在是太美了！」

故事寫到這裡，懂門道的朋友有沒有當場笑出來？是的，被譽為「中國四大名旦之首」的梅蘭芳……他可是個男人呀！

原來先下車的是胡蝶，蘇聯人不懂中國傳統戲劇，想說戲曲的女演員必然是女性演出，所以才對著胡蝶連連讚嘆梅蘭芳的美貌，鬧出文化差異的笑話。（雖然兩位當事人一開始都有點尷尬，不過胡蝶的美貌被肯定，而蘇聯人得知真相後，對於能夠比女人更女人的梅蘭芳充滿更多期待，算是意外的雙贏。）

以上的烏龍故事，恰恰呈現出中國傳統戲曲的特殊風貌。傳統戲曲中，角色分為「生、旦、淨、末、丑」。「生」是男性角色，「旦」是女性角色，講究意境的中國傳統戲曲時常出現男性演女角、女性演男角的「乾旦坤生」。

如果梅蘭芳是以男兒身演出最嫵媚的旦角，無獨有偶，另一人則以女兒身演出最有氣勢的老生，而這位女性還和梅蘭芳，以及民初最有勢力的黑道領袖各有一段姻緣。

她是孟小冬，她的感情故事不只是其他傳奇人物的陪襯，還顯現一位女性如何經歷挫折並最終打破枷鎖的傲然旅程。

天生的角兒

孟小冬，一九〇八年出生於上海，光她的出生就非常戲劇性。有說她出生在冬天，所以取藝名為「小冬」，但又有人說她本來叫董若蘭，年幼時父母讓她認孟姓的京劇演員為義父，後來孟小冬隨義父姓，將義父平時叫她的「小董」轉成「小冬」，紀念她本來的身世。

無論是哪種版本，可以肯定的是孟小冬從小就在戲曲圍繞的環境下成長，而她也是天生有祖師爺賞飯吃的好資質，後天又有超越常人的企圖心及努力，於是十二歲就首度登臺，十四歲則在上海劇場闖出名堂。重點是，她唱的還是老生，就像《失空斬》裡的諸葛亮，這種在戲劇中已是四十七歲年紀的角色，一個妙齡少女卻能表演到位，並獲得滿堂彩的認同，展現非常人的才能。

一九二五年，約十八歲的孟小冬決定跨出舒適圈，離開上海前往北京深造。當時有句話形容：「情願在北京數十吊一天，不願在滬上數千元一月，蓋上海人三百口同聲說好，顧不及北邊識者之一字也。」由此可見北京之於傳統戲劇而言，等於維也納之於西方古典音樂，絕對是聖地般的存在。不過愈頂尖的地方，競爭壓力愈大，特別是北京聚集一堆見多識廣、甚至眼高於頂的戲曲評論家，可能一句刻薄的點評就足以摧毀演員的前途，孟小冬能否獲得行家首肯呢？

戲曲評論家陳彥衡曾這樣描述孟小冬：「我第一次聽孟小冬的戲，覺得她嗓音寬亮，無女聲尖窄之通病，而且出字收音、行腔用氣都有準繩，扮相瀟灑、身段凝重，難怪胡適之說她身段、扮相、做工毫無女子之氣，真是好極了。」

無庸置疑，孟小冬征服了北京觀眾和行家，所有人都為她更勝男子的身段叫好。孟小冬卸下妝容後，著名戲劇理論家並為梅蘭芳打造出獨特新式劇本的梅黨成員齊如山，他的兒子齊香曾回憶孟小冬：「平時我看她並不過分打扮，衣服樣式平常，顏色素雅，身材窈窕、態度莊重。有時候她低頭看書畫，別人招呼她一聲，她一抬頭，兩隻眼睛光彩照人。」

孟小冬

齊香還感慨，即便幾十年過去，仍難忘記她那天生麗質與奕奕神采，顯示孟小冬與眾不凡的魅力。

在北京，孟小冬除了獲得觀眾及業界的肯定，同時有更多機會與名角兒合作演出，因此她遇上生命中第一個男人，他倆的相遇，開頭有多麼浪漫，結局就有多麼遺憾，並從此成為雙方心中揮之不去的痛……

花束般璀璨又脆弱的戀愛

一九二五年八月，孟小冬有機會出演《遊龍戲鳳》，該戲情節為：明朝武宗皇帝微服出巡，至梅龍鎮投宿於酒家，遇到美麗又天真爛漫的李鳳姐，兩人在打情罵俏中逐漸相愛，最終明武宗將鳳姐接入後宮，有情人終成眷屬。

擅長老生的孟小冬自然演出男主角，而與她演對手戲的女主角，正是四大名旦之首的梅蘭芳。這是戲劇史上珠聯璧合的頂峰合作，同時也是兩人結緣的開始。

此時必須介紹早已登場的梅蘭芳，本名梅瀾，字畹華，一八九四年出生，長孟小冬十四歲。

梅蘭芳自幼父母雙亡，由當京劇琴師的伯父梅雨田撫養。由於梅家是梨園世家，梅蘭芳從八歲起開始學戲，十歲就首度登臺，二十歲在上海演出《穆柯寨》引發轟動的迴響，後來還火紅到前往日本演出，得到「有此雙手，其餘女人的手盡可剁去」的極高讚譽。換言之，他就是天才孟小冬的天才前輩，而且有過之而無不及。

梅蘭芳與孟小冬相遇時，他三十一歲，且已有兩名妻子。

等一下！如果看過孫文的愛情故事，應該有注意到我花了一定的篇幅描述傳統婚姻制度，並列舉出《大清律例》的條款，向大家證明傳統婚姻是「一妻多妾」，梅蘭芳怎麼還會有兩名「妻子」呢？

前面提到，梅蘭芳是由伯父撫養，而伯父膝下無子，換言之，梅蘭芳就兼具兩家人的繼承權。

在古代，家族之間雖會彼此照料，但有時考量也相當現實。舉個例子，假設以前有個人叫「金老一」，他生下兩個兒子金大、金小，兩兄弟各自娶妻，但金大做人成功，擁有三個兒子，金小卻相當扼腕地沒有子嗣。

如果金小過世，他的財產會發生什麼事情呢？答案是給妻子繼承，但金小的妻子有權在丈夫死後改嫁，本來屬於金小的財產就會被帶到其他家族，而金家自此損失一份產業。如果金家不想產業外流，還能做另一個選擇，就是在金小死後，其他金家成員一起瓜分掉財產。如此便能確保金家總體的產業，問題是金老的體系將就此失去一半產業，這對金老一脈顯得相當不公平。為了確保產業留在金家，又要確保是由金老一脈繼承，古人想到的應對方式就是，把金大的其中一個兒子過繼給金小，這樣金小後繼有人，金家乃至金老的產業就不會損失了。

梅蘭芳本來就該繼承生父的產業，而養父沒有其他子嗣繼承，這種情況有個專有名詞叫「兼祧」，就是一個人同時負擔兩個以上的家庭繼承權。所以梅蘭芳可以娶一名正妻，還有一位平妻，多生幾個繼承人，之後就能讓兩家重新恢復各自獨立的產業。

梅蘭芳本來與元配王明華共結連理，生有一子一女，但先後夭折，而王明華後來健康欠佳，眼看再難有生孕機會。為了傳宗接代，梅蘭芳在友人建議下，於一九二一年娶福芳芝為平妻。由於王明華病況日益惡化，梅蘭芳乃至梅府的大小事，幾乎都由福芳芝操持，因此當時梅府女主人，大部分人想到的都是福芳芝。

打從梅蘭芳與孟小冬同臺演出，兩人的緋聞就從沒停過。一九二六年八月二十八日，有位署名「傲翁」的作者，就在天津《北洋畫報》投稿一篇〈關於梅、孟兩伶婚事之謠言〉，文中聲稱：「梅娶孟這件親事，媒人正是梅蘭芳的元配王明華，她素來是不喜歡福芝芳，眼看自己將不久於人世，這才促成梅、孟兩人結婚，讓福芝芳再無扶正的機會。」

這是梅、孟配第一次出現在公開媒體，有道是「謠言止於智者」，可惜這句話往往不成立，真實情況是：謠言會愈傳愈誇張。這篇題目就叫「謠言」的文章，在沒有提出任何證據的情況下，把梅、孟二人交往講得煞有其事。此後八卦有如長江之水、連綿不絕，又有如黃河氾濫、一發不可收拾，而被謠言意有所指的當事人，他們的關係就在莫須有的詭異氛圍下逐漸生變。

一九二七年，三十三歲的梅蘭芳與十九歲的孟小冬終於確定成婚。婚姻本該是幸福美滿的好事，但梅、孟配在開局就大有問題，因為梅的元配王明華當時還未過世，無論按照傳統婚姻的「兼祧」，還是

孟小冬與梅蘭芳

以西方文化為基礎制定的民國法律「一夫一妻制」，孟小冬的身分都不是「妻」，最多是低福芝芳一級的「妾」。

但向來心高氣傲的孟小冬，怎麼可能接受如此不平等的婚姻，她認定自己是梅蘭芳的「平妻」，福芝芳則完全不認為孟小冬有資格成為另一個梅府女主人，而梅蘭芳對此爭議居然是不置可否。

一開始，梅蘭芳還可以和孟小冬另築愛巢，兩個女人只要不見面，衝突不當場引爆，他就繼續享受齊人之福。但該來的總歸要來，三人的矛盾隨著一場意外而全面引爆。

一九二七年九月，北京《晨報》刊出聳動的標題〈北京空前大綁票案，單槍匹馬欲劫梅蘭芳，馮耿光宅中之大慘劇〉。這起新聞事件，不但讓當事人梅蘭芳成為輿論焦點，也是梅、孟兩人感情生變的關鍵。究竟發生什麼事呢？目前有兩種版本的說法。

版本一：一九二七年九月十四日，梅蘭芳去到馮耿光家中為人祝壽，在此期間，有位年輕人在梅蘭芳家門口徘徊，等到晚上九點多，梅蘭芳的司機開車去馮耿光家準備接人，這位年輕人就一路追著汽車跑到馮耿光家門口。

眾人眼看情況奇怪，詢問年輕人意欲為何？年輕人則說：「我叫李志剛，我祖父過世三天，無錢入殮，他生前與梅老闆有交情，所以來向梅老闆求救。」

梅蘭芳雖然表示不認識李志剛和他祖父，可眼見人家聲淚俱下，於是和朋友商量，一起湊了二百元捐贈。不過一個叫張漢舉的人卻說：「別急著給，我等一下去他家瞧瞧，如果是真的，再捐贈也不遲。」

等到壽宴結束，張漢舉請李志剛帶他和另一位朋友回家看狀況，李志剛卻在路上突然拔槍：「剛剛都是騙人的，現在我要梅蘭芳交出五萬元，不然……你們知道後果。」於是三人返回到馮耿光家門口，與屋內眾人索要贖金，正當雙方討價還價之際，正好有巡警經過，李志剛連忙挾持人質衝入屋內，並與隨後趕來的軍警交火，最終張漢舉被槍殺，李志剛則被警方擊斃。

按版本一的說法，就是梅蘭芳遇到擄人勒索案，和孟小冬毫不相關，但接下來的版本二，就是相當狗血的情殺案件了。

版本二：犯罪人的名字叫王惟琛，是京兆尹（相當於市長）王達的兒子。當天他拜訪梅家，由於梅蘭芳在午睡，看門人把王引到右面的會客室，當時梅蘭芳友人張漢舉正好在梅家，於是過來招呼王惟琛。

不料王惟琛突然拔槍怒道：「我不認得你，你叫梅蘭芳快些出來見我！他奪了我的未婚妻，我是來和他算帳的！與你不相干！」張漢舉卻一派輕鬆地笑道：「朋友，你先把手槍收起來吧，殺人是要償命的，我看你是個公子哥兒，有什麼事情好商量。」

王惟琛則說：「梅蘭芳既敢橫刀奪愛，我可不能便宜了他，我要梅蘭芳拿出十萬塊錢來，由我捐給慈善機構，才能消得這口怨氣。」

眼看對方開始談錢，張漢舉便討價還價，但他不是真的想砍價，而是想拖延時間，讓梅蘭芳的僕人趁機通報警方來處理。王惟琛一開始還真的著了道，非常認真地想多要錢，過了一段時間，他偶然發現房頂上居然站了幾個持槍警察！

「好傢伙！你敢陰我！」於是王惟琛對著張漢舉連開兩槍，導致張漢舉喪命，而王惟琛則被隨後趕來的警察擊斃。由於嫌犯當場死亡，很難驗證他所謂的「梅蘭芳橫刀奪愛」是否為真。但大家應該清楚媒體的天性，怎麼可能放過任何有話題性的大新聞。事件的是非對錯不重要，奪人眼目才是重點！於是各路謠言滿天飛，其中自然有「孟小冬本是王惟琛的愛人，卻被梅蘭芳橫刀奪愛」相關的臆測。

謠言恐怖的一點是會帶動更多謠言，於是又有消息傳出，原本就不待見孟小冬的福芝芳，當聽到梅蘭芳被威脅，條件是付贖金和交出孟小冬時，毫不猶豫地說出：「大爺的命要緊。」意思是付錢無所謂，讓孟小冬離開梅家，更是完全無所謂。

由於兩種說法都有當事人指證歷歷，現在已經很難還原真實的案情，但喧囂塵上的流言蜚語，絕對使孟小冬與梅家上下產生嫌隙，所以後來發生的「弔孝事件」，就成為孟小冬婚姻的重傷害。

一九三〇年八月四日，梅蘭芳的祧母（就是大伯母）過世，按禮制，梅蘭芳的妻室應該在喪禮上披麻帶孝並接待前來弔唁的賓客。孟小冬便前往梅家準備以妻子的身分參加喪禮，沒想到被梅家的下人擋住，說是太太福芝芳不准她進去，理由不言而喻：「妳不是梅太太！」

根據筆名為檻外人的吳性栽，其著作《京劇見聞錄》提到：「當時梅和孟小冬戀愛上了，許多人都認為非常理想，但梅太太福芝芳不同意，和梅共事的朋友們亦不同意。後來梅的祖老太太去世，孟小果要回來戴孝，結果辦不到，小冬覺得非常丟臉，從此不願再見梅。有一天夜裡，正下大雨，梅趕往小冬家，小冬竟不肯開門，梅在雨中站立了一夜，才悵然離去。」

大家有沒有注意到梅、孟兩人之間出了什麼問題？

除了本來就存在不同人對「平妻」地位的理解，還有梅蘭芳在這當中的不作為，以及福芝芳與孟小冬兩位女人間的爭寵，更大的問題是背後有人在推波助瀾和煽風點火。

大家還記得前面有提及一個人：齊如山，他其中一個身分是「梅黨」。何謂梅黨？就是特別幫梅蘭芳打造劇本和行銷的智囊團。既然叫「黨」，成員自然不只一人，有人的地方就有江湖，梅黨雖然有力捧梅蘭芳這一致的目標，但手法及理念各自有異，所以梅黨逐漸形成不同派系。

這些派系為了獲得更大的主導權，試圖透過干預梅蘭芳的生活大小事，讓梅蘭芳更多傾向己方，而「婚姻」就成為派系爭鬥的重要戰場。有人撮合梅、孟，有人反對梅、孟，裡面更多的是利益算計。可憐孟小冬在十多歲的年紀，哪懂梨園不只演戲學藝，而是充滿險惡莫名的人情世故，她的婚姻很大一部分只是被別人當槍使罷了。

弔孝事件的隔年，在上海青幫大老杜月笙的見證協調下，感覺自己被錯待的孟小冬與梅蘭芳分手，梅蘭芳需付女方四萬元贍養費，而孟小冬則決絕地對梅蘭芳說：「我今後不是不唱戲，再唱戲不會比你差；今後不是不嫁人，再嫁人也絕不會比你差！」

感情破裂固然是個傷害，但孟小冬沒料到，儘管婚姻已經結束，對於她腳踏兩條船的謠言依舊層出不窮，氣得她在一九三三年九月五日於天津《大公報》第一版上，連登三天〈孟小冬緊要啟事〉：「啟者：冬自幼習藝，謹守家規，雖未讀書，略聞禮教。蕩檢之行，素所不齒。邇來蜚語流傳，誹謗橫生，甚至有為冬所不堪忍受者。茲為社會明了真相起見，爰將冬之身世，略陳梗概，惟海內賢達鑑之。

竊冬甫居八齡，先嚴即抱重病，迫於環境，始學皮黃。粗窺皮毛，便出臺演唱，藉維生計，歷走津滬漢粵、菲律賓各埠。忽忽十年，正事修養。旋經人介紹，與梅蘭芳結婚。冬當時年歲幼稚，世故不熟，一切皆聽介紹人主持。名定兼祧，盡人皆知。乃蘭芳含糊其事，於祧母去世之日，不能實踐前言，致名分頓失保障。雖經友人勸導，本人辯論，蘭芳概置不理，足見毫無情義可言。

冬自嘆身世苦惱，復遭打擊，遂毅然與蘭芳脫離家庭關係。是我負人？抑人負我？世間自有公論，不待冬之贅言。

抑冬更有重要聲明者：數年前，九條胡同有李某，威迫蘭芳，致生劇變。有人以為冬與李某頗有關係，當日舉動，疑係因冬而發。並有好事者，未經訪察，遽編說部，含沙射影（引者按，時傳李某乃孟小冬的未婚夫），希圖敲詐，實屬侮辱太甚！冬與李某素未謀面，且與蘭芳未結婚前，從未與任何人交際往來。凡走一地，先嚴親自督率照料。冬秉承父訓，重視人格，耿耿此懷惟天可鑑。今忽以李事涉及冬身，實堪痛恨！

自聲明後，如有故意毀壞本人名譽、妄造是非，淆惑視聽者，冬惟有訴之法律之一途。勿謂冬為孤弱女子，遂自甘放棄人權也。特此聲明。」

時至今日，孟小冬與梅蘭芳之間的是非依舊眾說紛紜。不過從孟小冬的發言，有幾點是肯定。

一，她對梅蘭芳充滿怨懟，因此強烈主張錯不在己；二，面對造謠的宵小，她勇於發動輿論為自己清白辯駁，同時運用法律威嚇。

如此果決明快的態度，配合主動強勢的手腕，正如孟小冬所言「勿謂冬為孤弱女子」，她從不退縮，而是永遠迎難而上！

驀然回首，那人卻在燈火闌珊處

據余慧清（孟小冬師父的女兒）表示：「孟小冬和梅蘭芳離婚後，曾對我們姐妹說她以後再也不嫁人，又說不嫁則已，要嫁就嫁一位跺腳亂顫（意思是有權勢）的人。」

說來巧合，在孟小冬與梅蘭芳離婚的現場，就有一位跺腳亂顫的大人物，而他後來真的與孟小冬白頭偕老，就是青幫大老杜月笙。

杜月笙，一八八八年出生於上海縣高昌鄉，幼年因為父母雙亡加上家境窮困，所以混跡於黑社會，並加入上海最有權勢的民間組織「青幫」。

他先伺候青幫大老黃金榮的老婆林桂生，林桂生看杜月笙機靈，於是向丈夫推薦，而杜月笙也把握機會，為黃金榮屢建功勞，最後成功從市井無賴成為與黃金榮並駕齊驅的青幫大老。他與同夥一起成立的「三鑫公司」，全盛時期收入約等於政府稅收的三分之一，副總統黎元洪曾稱讚他「春申門下三千客，小杜城南五尺天」，顯示手下人多勢眾，牢牢掌握上海這民國第一金融重鎮的人心向背。

當杜月笙成為人生勝利組後，他與其他黑道大老不同，特別追求文藝。除了平時一定穿著象徵當時讀書人形象的長衫，還格外支持戲劇活動，不只常看戲，還主動為欣賞的角兒提供資助，以至於被人尊稱為「天下頭號戲迷」。

當孟小冬於一九二二年登臺亮相時，杜月笙已嶄露頭角，所以他肯定看過孟小冬的戲。兩人當時交集如何，目前沒有確切資料顯示。

當然有好事者說，兩人本是情投意合的青梅竹馬，因為孟小冬北上求藝才分道揚鑣，相關情節還在描述杜月笙的傳記電影《歲月風雲之上海皇帝》中呈現。我沒有直接證據反駁以上說法，不過提醒大家，注意雙方的出生時間，杜月笙比孟小冬大二十歲，如果非要說這種年齡組合也可以是有愛情成分的青梅竹馬，我也無話可說了。

但後來孟小冬名滿天下，天下頭號戲迷的杜先生一定曉得，所以孟小冬想離婚，杜月笙可是「閒話一句」把事包攬下來，幫孟小冬請上海最有名的女律師助陣，自己又擔任和事佬壓場，否則以梅蘭芳的梨園地位和背後的親友團勢力，恐怕無法乾脆給出鉅額贍養費和承認不是。

孟小冬從此和杜月笙結緣，不過她無意立刻開展另一段感情，而是繼續鑽研戲曲，在一九三四年向「四大鬚生」的余叔岩請教（日後更拜他為師），在名師指導和刻苦學習下，孟小冬的能力更上一層樓，人們逐漸不敢直稱她名諱，而是尊稱她為「冬皇」。

孟小冬真正與杜月笙拉近關係，其中有個關鍵人物，杜月笙的四房姨太太姚玉蘭。姚玉蘭也是梨園出身，和孟小冬有共同話題，同時了解丈夫向來仰慕孟小冬，不時利用機會撮合兩人。例如一九三七年，孟小冬應上海黃金大戲院之邀，為該戲院喬遷新址剪彩，姚玉蘭在活動結束後，邀請孟小冬與她同住，自然讓杜、孟兩人增加相處機會。後來抗戰爆發，杜月笙舉家搬到香港避難，孟小冬期間特地拜訪杜家，可見雙方往來愈加熟絡。

若論兩人感情水到渠成之日，要到一九四七年。這一年杜月笙過六十大壽，身為「天下頭號戲迷」的他舉辦三天堂會、七天義演，廣邀各方梨園名角兒登臺演出，其中就包含梅蘭芳與孟小冬。

日後有人追憶，那是孟小冬最後一次公開演出，而梅蘭芳則擔任三天堂會和五天義演的大軸子（該天演出的最後一齣戲，通常由最具分量的演員擔任主角。多提一句話，很多人會提到的「壓軸」，是指倒數第二場戲，但現在反而很多人錯以為是最後的意思，這種誤會大概會讓京劇戲迷心中搖頭苦笑了），當真是京劇界的盛會。

京劇表演藝術家譚元壽回憶孟小冬的演出，如此評價：「這件事情到今天過去整整六十年了，就還和昨天的事情一樣，如果不是親眼目睹，真不敢瞎說。就一齣《搜孤》有什麼呢？哪個唱老生的沒學過、沒唱過？可那天，可以這麼說，全國的老生，所有參加為杜月笙祝壽演出的人，除了一個人外，凡是有個名的都到齊了，後臺邊幕都站滿了咱們內行的人。說句不客氣的話，那個陣勢誰見了也得發怵，不要說出點錯，就是有一個音唱得差那麼一點點，哪個同行能裝糊塗？結果人家孟先生唱得那叫講究，就那個『白虎大堂』的『虎』字，高聳入雲、聲如裂帛，誰聽了能不動情？能不佩服？就這麼一齣極其平常的戲，讓人家孟小冬先生唱絕了。她唱得非常精練，每句唱腔都很乾淨，收音都特別帥氣，沒有任何拖泥帶水的地方。唱到這個程度，在咱們京劇的歷史上真可以說是空前絕後。如果讓我比喻的話，真可以說就和爆炸了一顆原子彈一樣。」

譚元壽的評論除了讓人感受到孟小冬此時的能力已到爐火純青的境界，其中還有個細節，就是他說「除了一個人外，凡是有個名的都到齊了」，沒有親臨現場觀摩的人，我想大家也不難猜到答案，正是梅蘭芳。

事實上梅蘭芳在這場盛會中有兩天沒有登場，而那兩天就是孟小冬登場演出的時刻。可見兩人或許過往怨念已淡，卻也做不到相逢一笑泯恩仇，這種無法彌補的關係，是否也顯示兩人當年是真的愛得火熱，以至於傷得也很深呢？而事後據梅蘭芳的管事姚玉芙說，孟小冬演了兩場《搜孤救孤》，梅先生在家就收聽了兩次電臺轉播。或許當時梅蘭芳的心境正是：「此情可待成追憶？只是當時已惘然……」

這次演出後，孟小冬開始在杜家定居，雖然沒有名分，但杜家上下都當孟小冬已經入杜家門，杜月笙為了怕孟小冬無依無靠而感到孤獨，還讓七兒子杜維善、二女兒杜美霞認她為義母，顯示杜月笙與孟小冬雖無名分，但已是實際上的伴侶。

一九四九年，隨著國民黨兵敗如山倒，與國民黨來往密切的杜月笙自然無法待在中國大陸，於是杜家搬遷至香港居住。杜月笙已有四位太太，有的已經過世，有的則選擇投奔在美國工作的子女，此時與杜月笙一起到香港生活的，只有曾是京劇演員的第四房太太姚玉蘭，而孟小冬也以客人的身分，跟著杜家來到香港。

到了一九五〇年，杜月笙一度有移民美國的打算，當他正籌算要湊夠幾本護照時，孟小冬問了一句：「我跟著去，算丫頭呢？還是算女朋友呢？」杜月笙聽聞此句，立刻決定：「先不出國了，我要先與小冬結婚！」

杜月笙與孟小冬

那一年，杜月笙六十四歲，孟小冬四十三歲，兩人雖都已過青春年華，但根據曾拜訪過香港杜家的江一秋說：「杜先生和孟小冬的感情交關好，兩個人㗎得來。」可見兩人依舊相愛地情深意切。

可惜好日子並不長久，杜月笙早年吸食鴉片，雖然後來戒除，但他的身體，特別是氣管和肺部一向健康狀況不佳。據杜月笙所言，抗戰時期，他有一次為了執行敵後任務，特別搭飛機決定潛入敵區，飛機遇到亂流，搞得他上氣不接下氣，成為日後重病纏身的原因。之後他移居香港，因溼氣比上海重，讓杜月笙的病情更加嚴重，所以到了一九五一年，杜月笙終於一病不起。

杜月笙的最後時刻，孟小冬一直隨侍在旁，並在他彌留之際，孟小冬表示：「以後再不登臺演戲，以謝知音！」這是冬皇對天下頭號戲迷的情意，兩人因戲結緣，如今緣盡了，專屬於兩人的戲也該散了，這是傷感的落幕，卻也是兩人關係的銘記。

本是散淡的人，評陰陽如反掌

隨著杜月笙過世，昔日冬皇潛居在香港不再亮相，自然讓無數戲迷票友惋惜，期待孟小冬的呼聲就從沒停過。

有一次，義子杜維善的太太詢問孟小冬：「您還預備不預備唱戲呢？」孟小冬回答：「胡琴在哪？」之所以有此回應，是因為孟小冬對京劇非常講究，行頭扮相、樂器伴奏、搭檔搭配，為了成就一個有品質的演出是缺一不可。隨著兩岸分裂對峙，當初和孟小冬搭檔多年的琴師王瑞芝已不在身旁，而一般琴師又怎能讓「冬皇」將就？

事實上，別說登臺演出，就連私下清唱，孟小冬也是能免則免，就她所說，老生的唱腔需要兩腮用力，平時在舞臺上，有髯口鬍鬚加上手勢、身段做為遮擋，但清唱時，沒有這些配套道具的輔助，外觀極為不雅。前面也提到，孟小冬對京劇非常講究，所以一點都不想將就。

當然還有另一個原因，就是杜月笙，這位永遠最力挺她的戲迷已經不在了。

一九六六年，中國發生文化大革命，連帶影響香港社會秩序動盪，在姚玉蘭的多次邀請下，孟小冬於一九六七年移居臺灣。

當時杜家稱入門較早的姚谷香（姚玉蘭）為「娘娘」，稱入門較晚的孟小冬為「媽咪」，義子杜維善記錄不少孟小冬晚年的生活，例如有次孟小冬拜訪仰慕已久的藝術家張大千，兩人一見面，屬於晚輩的孟小冬行跪拜大禮，起身時還蹲了一下作滿人請安式，當時孟小冬對陪同的杜維善說：「我這樣做是要給你們小輩們看什麼是規矩。」

或許有人覺得孟小冬守舊，但在我看來，這是她一貫的堅持。若沒有對藝術追求的堅持，她不會成為京劇中的冬皇；若沒有對身分的堅持，她不會與梅蘭芳黯然分手，也無法與杜月笙度過短暫卻幸福的時光。

一九七七年五月二十六日，孟小冬於臺灣去世，昔日傳奇成為絕唱。或許後人會因為娛樂型態的日新月異，愈來愈少人了解孟小冬在京劇上的非凡造詣。但她的人生故事，卻展現她與眾不同的颯爽英姿。那是在百年前，在男尊女卑和演藝人員不受待見的大環境下，一個女人面對波折挑戰仍雖千萬人而吾往矣的堅持自身追求。

這就是孟小冬，一個始終做自己的主人，她的感情故事。

民之章

末代皇帝的平民婚姻

溥儀與李淑賢

愛新覺羅．溥儀，也可稱呼他為「大清宣統皇帝」或「滿洲國康德皇帝」，他是中國皇帝史上極為特殊的存在。

三歲當上皇帝，六歲在不明就裡的狀況下遜位，成為清朝最後一位皇帝。十二歲又被人擁立擔任皇帝，卻在十二天後被迫下臺。接著在二十九歲成為滿洲國皇帝，並在十二年後再度下臺。一生經歷三次登基、三次退位，如此跌宕起伏的人生，只怕擺在世界歷史上都極為罕見。

更為難得的一點，在於溥儀是中國皇帝裡，極少數能回歸於「平民」身分的人。中國歷史上眾多末代君主，不是直接在政權輪替之際身亡（金末帝身亡於亂軍之中、明朝崇禎皇帝選擇在城破之日自盡），就是被後繼者猜忌而被迫提前結束人生（魏晉南北朝眾多的末代君主），甚至是為了攏絡人心而被授予特殊地位（例如東漢獻帝被封為陳留王、蜀漢後主被封為安樂公、宋徽宗及宋欽宗被封為昏德公及重昏侯），而溥儀卻是回歸百姓，並在平凡生活中，展現有別於皇帝時期的另一種人生面貌。

好比他在人生後期，相比以前皇帝絕對男尊女卑的上下關係，他有機會經歷一段平民婚姻。

末代皇帝的前四段婚姻

介紹溥儀最後一段婚姻前，有必要先提及他在皇帝時期的婚姻大事。

大約十七歲時，縮居在紫禁城皇帝私人後宮的「前清小朝廷」，為溥儀操辦大婚的儀式。按照清朝傳統，本該是讓有資格的大家閨秀入宮，皇帝親眼見過各個候選人後，挑選最滿意的一位成為皇后。不過當時小朝廷想要彰顯自身已有學習西方男女平等的概念，但又想要保存皇帝高人一等的尊貴感，於是折衷為送上各候選人照片，接著讓溥儀親自勾選出滿意人選。

按溥儀回憶，當年都是黑白照片，在他看來，除了衣服花紋有所不同外，根本分不清楚候選人的長相，最後他隨意勾選一位覺得長得很「有趣」的人成為皇后。

誰知道溥儀的長輩不樂意了，此時前清小朝廷有四位皇太妃，地位最崇高的是前一代皇帝的瑾妃，人稱「端康太妃」。而這一次大婚，其實就是四位皇太妃的暗中較勁，誰推薦的人選獲勝，就代表在這一輪的後宮競爭中勝出，而端康太妃推出的人選沒有獲得溥儀青睞。感覺被打臉的端康太妃心有不甘，便向溥儀表示：「你勾選的人出身不好，哪及得上我推薦的大家閨秀。」

溥儀覺得很煩：「本以為真讓我作主，結果還不是你們長輩說了算？那當初幹嘛還要我來挑人選？你們自己決定不就好了！」然後忿忿不平地圈選端康太妃推薦的對象。

這下換本來中選的推薦人不爽了，連忙表示：「既然被皇上圈選，這女孩就已經是皇帝的人，不可以再外嫁了。」這下溥儀覺得更煩：「隨便啦！妳們愛幹啥就幹啥！」

最終，端康太妃推薦的對象——婉容，成為皇后；最初被圈選的女孩——文繡，則成為皇妃。從溥儀的描述，我們可以看到即便貴為皇帝，甚至已經是出生在二十世紀的皇帝，婚姻始終不是自己決定，而是和民間類似，一切長輩說了算。其中幾乎沒有感情，更多的是政治利益的算計。

溥儀與婉容

後來溥儀與日本人合作，前往東北三省成為滿洲國皇帝。溥儀的志願是重新成為九五之尊，但日本人的意圖卻是希望溥儀成為可操縱的傀儡，成為控制滿洲的媒介。

為了方便控制，日本人一直慫恿溥儀娶日本妻子，溥儀除了明確反對外，先後從信得過的滿族人士當中，挑中時年十七歲的譚玉齡為妃；譚玉齡突然病逝後，又挑選與日本人全無關係的普通漢族女子李玉琴為妃。

雖然在滿洲國時期，溥儀看似完成他的夙願，就是婚姻大事由自己做主。但實際上，更多是被日本人催逼，這才增設後宮。例如他之所挑選李玉琴成為皇妃，是因為當初眾多被指派的「秀女」中，李玉琴長得天真單純，看起來不像和日本人有所聯繫，同時她也是所有女孩中年紀最小的一位，估計溥儀認為她最好應付。

一九四五年，日本戰敗，由日本扶植的滿洲國自然隨之解體。溥儀第三次失去皇帝寶座，並先後在蘇聯和中國度過五年及九年的戰犯歲月。

溥儀在自傳尾聲提到：「人，這是我在開蒙讀本《三字經》上認識的第一個字，可是在我前半生中一直沒有懂得它。有了共產黨人，有了改造罪犯的政策，我今天才明白這個莊嚴字眼的含義，才做了真正的人。」

戰犯的日子，雖然一開始讓溥儀無所適從，但也讓這位始終高高在上，以至於價值觀扭曲到不把他人放在眼裡的末代皇帝，開始反省過去並學習回歸常人。一九五九年，他成為中華人民共和國首批獲得特赦的戰犯，隨後擔任中國科學院北京植物園的植物護理員和售票員，成為備受矚目的一介平民。

一九六二年，包含毛澤東在內的諸多官員都勸溥儀可以找一位老婆，以便照顧自己，於是他心思開始活絡起來，請朋友找機會介紹合適的女子，見過幾位不投緣的對象後，終於遇到一位中意的人選，就是本篇的女主角——李淑賢。

末代皇帝的平民約會

李淑賢八歲時，母親過世，十四歲時，父親過世。由於不堪繼母的虐待，她投奔北京的遠房親戚，之後擔任護士。遇到溥儀前，她有過兩段婚姻，但最後皆感情破裂而離婚。可以說，李淑賢的前半生非但沒有精彩的特殊之處，還是個相當坎坷的苦命人。

一九六二年，李淑賢約三十六歲，有一件事讓她的後半生變得既平凡卻又異於常人，就是她認識了溥儀，而兩人相識的經過其實相當平凡。

李淑賢有位熟識的朋友，人民出版社的編輯沙曾熙，而沙曾熙認識文史資料專員周振強，周振強的朋友就是溥儀。當時沙曾熙與周振強想幫溥儀介紹對象，就想到李淑賢，於是沙曾熙直接和李淑賢說：「介紹個朋友給妳，宣統皇帝。」李淑賢一聽要和前朝皇帝交朋友，嚇得立刻拒絕，沙曾熙則不依不撓地說：「我已經和人家約定了，還是看看吧。我也沒見過末代皇帝，這回沾妳的光也讓我開開眼界。」

不知道沙曾熙這套說詞，是否讓某些曾被長輩熱情介紹對象的人感到似曾相識？反正我是經歷過這種先幫人做決定，然後半強迫、半請求的軟硬兼施手法，只能感慨幾十年過去，某些套路還真是歷久不衰呀。

總之在旁人送作堆的情況下，兩人於隔天第一次見面，一聊就是兩個多小時。過程中，溥儀積極尋找話題，例如看到李淑賢帶著醫學教科書，他饒有興致地說：「我對醫學很有興趣，改造期間學過中醫，看過不少醫學書籍，也曾幫助管理所的醫務室做過護理工作，量血壓、注射等簡單的操作都可以。」或是問到李淑賢的家中狀況，聽到她早年父母雙亡，同情地說：「真苦啊。」這讓李淑賢留下不錯的第一印象——誠實、樸素、和氣、熱情，一點兒也不像戲裡的皇帝（殘暴成性）。而溥儀對李淑賢的印象則是：「穿戴樸素，人品老實。是搞醫務工作的，和我興趣一致，我喜歡！」

既然第一印象不壞，兩人很快就有第二次約會。當時溥儀邀請李淑賢和介紹人一起去跳舞，約會當天，溥儀老早就等在門外，並熱情地向兩人打招呼；之後眾人一起在舞廳跳舞，溥儀向李淑賢說：「李同志，我們跳一次吧！我不會跳，向妳學一學，也許會把妳的鞋踩髒的。」

李淑賢客氣地說：「我也不會跳。」兩人跳舞時，李淑賢發現溥儀真的沒在客氣，他真的不大會跳，慢三步的時候還能湊合，快三步的時候就完全跟不上節奏了。

不過溥儀的目的其實不是秀舞技，他中途對李淑賢說：「以後我們不要總麻煩介紹人了，我可以直接打電話給妳。」李淑賢雖然告訴溥儀自己在醫院的電話號碼，但也說出顧慮：「你的名氣那麼大，讓人家知道了，我多不好說呀。」溥儀連忙說他人要是問起，他就說自己姓周，於是接下來的日子，李淑賢頻繁接到「周先生」的來電。

又經過幾次見面，有次溥儀去李淑賢家拜訪。最初，溥儀只是一個勁抽菸，好一段時間才開口：「今天在妳家裡，我想好好和妳談一談，我覺得有好些話非和妳說說不可。」至於要說什麼，雙方心裡有數，所以兩人在肯定彼此的為人後，溥儀說：「我把從宮中帶出的珍寶共四百六十八件全部獻給國家，現在完全靠工資生活，別無長物。」

李淑賢說：「我和你相處，並不因為你曾當過皇帝。如果你還像皇帝那樣壞，縱然你存千千萬萬件珠寶我也不稀罕。只要人好，再窮我也願意。」

溥儀說：「我的年齡大，我們之間的差距（溥儀比李淑賢年長約十八歲），不知道這一點對妳有沒有影響。」

這時李淑賢突然想捉弄對方一下：「我還沒考慮過這個問題。」

溥儀一聽對方好像有所遲疑，臉色有點變了，卻聽李淑賢繼續說：「不過，只要精神狀態好，是可以讓人年輕的。」

溥儀連忙說道：「妳看我的精神狀態如何？特別是……認識妳以後，我真是心裡往外高興啊！」

不知道溥儀以上的「撩妹」話語，大家感受如何？反正那次長談後，李淑賢與溥儀相處得更加親密。

話說，儘管當時的溥儀已經五十多歲，但在婚姻市場上依舊相當搶手。例如他在一九六〇年，剛結束戰犯生活，就認識一位滿族老姑娘，她的親屬聽聞溥儀被釋放，立刻邀請他來家中吃飯，而溥儀就在席間見到滿族老姑娘，並對她說了幾句玩笑話。老姑娘覺得溥儀對她有意思，連忙請人捎話，想要和溥儀進一步發展，沒想到溥儀一口回絕。

雖然沒有照片可以見到滿族老姑娘的真面目，但與李淑賢相比，老姑娘雖年近五十，比三十三歲的李淑賢大上一截，但李淑賢只是能勉強糊口的護士，老姑娘卻是家境殷實，平時可以身著繡花旗袍，還戴上不少首飾，以至於李淑賢形容她是「滿頭珠翠耀眼」，另外老姑娘與溥儀同族，在文化習俗上，應該比漢族的李淑賢更容易讓溥儀產生親近感。

兩人真要比，說不定還是老姑娘有優勢，但溥儀最後堅定地選擇與李淑賢發展關係，別說旁人，連李淑賢都感到疑惑，有次半開玩笑地向溥儀問道：「溥儀！你怎麼總是看不上她？她家幾代都是清朝大官，有錢，又是旗人，你們不正是『門當戶對』嗎？」

溥儀回答：「她中意的不是我，而是那個皇帝溥儀。今天的溥儀配不上像她那樣高貴的女人。」

短短一句話，透露溥儀大半人生的許多辛酸。的確，他的前半生無論是師傅、長輩、名人、族人、貴人、奴僕……眾人與他交往，看似對他恭敬服貼，但皆因他是「皇帝」，沒有多少人是因為「溥儀」這個人。

對晚年的溥儀來說，他不需要他人的尊崇，而是期待真心相待。而與他素無瓜葛且對皇帝身分非但不羨慕，反而有些排斥的李淑賢，正好就是能與他平等互動的人選。

當然，情侶不可能只有開心，而沒有衝突。有次，溥儀談及過往的婚姻，他感慨：「那時我根本不懂夫妻之間應有的相互關係，妻子就是我的玩物和擺設，高興了就去玩一會兒，不高興就幾天不理，談不上有什麼感情的。」

而李淑賢順口回話：「以後對我能不能那樣？」估計本意是想開玩笑，沒想到溥儀勃然大怒，甚至說道：「如果我們實在不能做永久的伴侶，就做個永遠的朋友吧！」語畢，立刻起身走人。

李淑賢當場錯愕……何必生這麼大脾氣？很多年後她才明白，溥儀最痛心旁人對他的印象還是那個不管他人死活的皇上。李淑賢的玩笑話，溥儀聽起來不僅是質疑，甚至是對他數年努力讓思想蛻變的否定。

好在兩天後，溥儀主動找上李淑賢，見面第一句話就說：「我是改造過來的人，以後對自己的愛人當然不會像在宮中對待皇后和妃子那樣。」經過一段時間相處，李淑賢覺得溥儀講話實在，如今他如此鄭重強調，想必言出必行，於是兩人繼續相處，並在認識四個月後決定共結連理。

酸甜苦辣的婚姻生活日常

聽聞溥儀即將結婚，中國人民政治協商會議（政協）立即通知：「你們應添些服裝鞋帽，費用均可報銷。」

李淑賢本想趁機多購買幾件高級衣物，沒想到溥儀說：「這次買衣服用品都是國家開支，我們要節約辦事，主要買鍋碗瓢盆日用必需品。衣服買一件就算了，以後再陸續添購。」至於自己更是一件新衣都沒買，可見這位前清皇帝有意比平民還要更平民。

一九六二年四月三十日，溥儀與李淑賢正式結婚。

婚後的溥儀仍保持追求李淑賢時的熱情，例如有一次，李淑賢下班晚了，當天下著大雨，溥儀帶著傘想去接妻子，不過到了李淑賢工作的醫院卻沒見到人，只能獨自返回；回家路上，看到一處沒有蓋的下水道，由於大雨已灌滿整個路面，一時之間未必能看清危險性，但這是妻子回家的必經之路，溥儀怕她發生意外，居然直接站在旁邊，一直等到李淑賢出現，連忙大喊：「千萬注意下水道口，沒有蓋！」以上事件在溥儀的日記只是寥寥數語：「晚，雨。接賢，賢已到家。」但李淑賢卻將事情記得如此清楚，可見當時她相當感動。

儘管溥儀只是中華人民共和國的普通公民，但「前清皇帝」的身分依舊舉世皆知，不時會與政要和外國人士會面，李淑賢因此沾光，看過不少世面。

例如有位英國記者來採訪溥儀，對李淑賢產生好奇，於是詢問她的來歷：「我很想知道您夫人的父親是怎樣的人？能談談他的身世和職業嗎？」當溥儀回答李淑賢的父親是為位銀行職員後，英國記者立刻顯露出十分驚奇的神情：「一位當過皇帝的人娶普通職員的女兒為妻子，這在我國是不可思議的事！」英國記者追問：「您的夫人也每天上班嗎？」溥儀回答：「是的！她在醫院工作，是個普通的護士。」英國記者感慨：「這太有意思了！我認為現在你才真正過著人的生活。」

隨後英國記者講起溫莎公爵的往事，溫莎公爵本是英國國王愛德華八世（Edward VIII），為了迎娶已經有過婚姻（當時還沒完成離婚手續）的華麗絲・辛普森（Wallis Simpson）夫人，因而與當時英國王室發生衝突，最後他甘願放棄英國王位，成為「不愛江山愛美人」的著名代表。而英國記者則認為溥儀的平民婚姻可與之相提並論。

但溥儀認為兩者大有不同：「溫莎公爵一心要和心愛的人結婚，建立一個和睦相愛而不是擺樣子的家庭，其心情我是理解的。我現在也有個溫暖、幸福、美滿的小家庭！我能夠建立這樣的家庭，不是因為放棄了皇位，而是當上了公民。」

雖然溥儀的表達多少有點大外宣的意味（這也是為何中共要善待溥儀，前朝皇帝讚嘆共和，沒有比這個更棒的宣傳素材了），但比起溫莎公爵雖放棄皇位，卻仍享有英國皇室的大筆補助，例如後繼的喬治六世（George VI）以接手皇室財產的名義，向溫莎公爵支付約三十萬英鎊的費用，這筆錢經由不同的換算方式，在二〇二一年，價值大約在二千一百萬英鎊至一・四億英鎊，就是新臺幣八・四億至六十四億），溥儀雖然也被政府重點照顧，但日子真的過得「很平民」，無怪乎習慣英國貴族社會氛圍的記者會如此驚訝了。

以上只是李淑賢的其中一則見聞，事實上，連國務院總理周恩來、時任國家主席的劉少奇，也曾特別接見溥儀夫婦。可以說，李淑賢就是當年眼界最廣的平民百姓，如此經歷只怕在她三十七歲前，真是做夢也想不到了。

前面提到，情侶相處難免有不愉快，而婚姻生活更是如此。有人說過「相愛容易相處難」，很多情侶成為夫妻後，最初常會碰到生活習慣不同而時有摩擦的調適期，就這一點來說，溥儀還真是居家生活的不安定因素。

交往時期，李淑賢看到溥儀衣著整潔，總是保持著優美的髮型，以為對方是個很會過生活的人。但事實是，溥儀直到四十歲之前，是高高在上且凡事都有人幫他打理好的皇帝，完全沒有自理過生活。即便後來在戰俘改造時期努力學習料理日常事務，但平心而論，依舊是笨手笨腳，以至於讓外人看了啼笑皆非，讓李淑賢看了莫可奈何。

例如溥儀吃相相當邋遢，每次吃飯一定沾上飯粒及油汙，至於洗臉則是每次都洗到整件衣服溼透；衣服髒了總要洗，本來李淑賢很認分地包攬家事，溥儀總想著幫忙，每次搶著洗衣服，沒有一次洗乾淨。

又例如有一次李淑賢做好晚飯，請溥儀幫忙把鍋子端到飯桌，鍋子正熱，溥儀卻沒有拿布防燙到手的觀念，而是赤手去拿，才走到一半，實在忍不住燙手而拿不住鍋子，導致菜撒得一地都是。這麼一點小事都搞成這樣?!李淑賢當場氣炸。溥儀只能搶著收拾善後，並連聲道歉：「我太笨了，以後一定注意。」

當然，人要改變沒這麼簡單，溥儀依舊過著出包日常。其中最常發生的就是出門忘記帶東西，或是人走到半途，就忘了帶好重要物品，每次都把溥儀急得跳腳，鬧得李淑賢也不省心。如果這時有人說：「這種事在所難免嘛！」那我告訴大家這種事情發生得有多頻繁，答案是：附近鄰居都已經很習慣撿到溥儀的東西，或是當外人送回溥儀掉落的物品時，鄰居已經能熟練地幫忙失物招領。掉東西掉到鄰里皆知，大家應該明白這有

溥儀與李淑賢

多日常了吧？

面對相處上的摩擦，李淑賢也有理智斷線的時候。有次她正在氣頭上，對溥儀說了一句：「我要和你離婚！」溥儀嚇得撲通一聲跪下求饒，繼而又跑進廚房拿起菜刀就要抹脖子，嚇得李淑賢一把奪下菜刀說：「我是和你開玩笑呀！」雖然溥儀順勢說：「我也是和妳鬧著玩。」但根據熟悉的朋友表示，溥儀當時是真慌了，這才有過激反應。

不過以上種種窘境當真算小事，畢竟接下來要提的，才是溥儀與李淑賢始終無法克服的問題及缺憾。

難以啟齒的軼聞

根據與溥儀同時期接受戰俘思想改造，而先前曾是情報人員的沈醉所說，溥儀有一次特別來找他處理「私人問題」。

溥儀遲疑很久才吞吞吐吐問：「聽人說，你對舊社會中五花八門的事懂得很多，對男人不能人道的病，有沒有辦法治好？」沈醉問溥儀問題出於先天？還是後天？溥儀解釋是後天造成，並說明其中原因。

原來溥儀十多歲住在故宮時，因服侍的太監想要回家休息，又怕他晚上跑出去，於是經常把宮女推到他床上要她們來「伺候」，甚至有時還是兩、三個一起來。溥儀在宮女們的動作下，搞得精疲力竭，以至於第二天起床常頭昏眼花。

當溥儀向太監反應自己實在應付不過來宮女們的熱情，太監的做法是——拿藥給溥儀讓他再戰幾回合。溥儀就在長期揠苗助長的情況下，身體開始出狀況。除了「小溥儀」逐漸喪失活力，就連多走幾步都會腰痠腿痛。本來他以為十多年無法接近女人的戰俘生活，能幫助他回復些許元氣，沒想到「小溥儀」是徹底扶不起了。

據沈醉的說法，李淑賢對於溥儀的不行常發脾氣，溥儀這才找他求助。無奈他雖然配了好幾副藥，但每次只能靈驗一星期左右，隨後又無力再戰。重點是，溥儀明明不行，但日常生活還是喜歡對李淑賢「手來腳來」，可一到床上又莫可奈何，最後惹得李淑賢一頓脾氣。

溥儀「不行」的問題，除了讓夫妻時有爭吵，更讓他遺憾的是他一直想要有個孩子，無奈自己無法做人，想要領養卻又不被李淑賢允許（李淑賢的說法是，考量到兩人身體都不好，要了小孩怕照顧不來），所以他曾感嘆：「我這一門斷後了。」

無論是溥儀還是李淑賢，都沒有對房事有所提及（畢竟不是人人都能像蔣介石，各種事情都寫在日記裡），因此沈醉的說法缺乏直接證據而難以斷定真偽。但李淑賢也說溥儀很喜歡小孩，估計是彌補童年只能待在後宮且身旁缺乏玩伴的缺憾。

過往總在不知不覺中影響人的未來，當李淑賢選擇與溥儀結婚，同時也連帶分擔溥儀在此前所累積的各種人情世故。其中有好有壞，但兩人的婚姻大致上仍算安穩湊合。只是隨著時間發展，一件突如其來的大事，將讓溥儀的過往成為兩夫妻難以承受的千斤重擔。

浩劫之下，豈能安乎？

一九六六年，當時原屬於開國功勛的毛澤東，因先前失敗的經濟政策，已被擠出權力核心，真正執政的是略微往市場經濟調整的劉少奇。由於不滿劉少奇的修正路線，為了奪回權力，毛澤東主導影響中國十年的重大政治運動——文化大革命。

除了奪取權力，文革的目標之一是思想革命，其中一個口號為：「橫掃一切牛鬼蛇神！」宣稱要徹底破除幾千年來，一切剝削階級造成毒害人民的舊思想、舊文化、舊風俗、舊習慣。

在此風潮下，溥儀這位「前清皇帝」，成為必須批鬥的封建思想遺毒產物。事實上，李淑賢看過溥儀上館子吃飯，旁人認出他是誰後，立刻衝過來說：「這不是皇上嗎？」更別提滿族老人，或是前清官員及後代子孫，不改高喊皇上並磕頭謝恩的習慣。於是隨著文革規模持續擴大，擁有特殊身分的溥儀，生活開始日漸窘迫。

有次李淑賢拿著糧票去換糧食，店主一看糧票上的名字是「愛新覺羅．溥儀」，立刻表示不再給他們家白麵和大米，只可以買口感粗糙的苞米麵，很明顯就是藉機打壓他們。溥儀聽到事情的經過，只能尷尬地表示：「苞米麵富於營養，我挺喜歡吃的。」為了避禍及自清，溥儀主動燒毀家裡的藏書和手寫的日記，儘管李淑賢曾趁機支開溥儀，搶救幾本日記，但這樣的保存當真是九牛一毛的存在。

即便刻意小心，無奈樹大招風，一九六六年八月二十五日，幾名紅衛兵闖進溥儀家中。先是劈頭下命令：「溥儀！去上房把石獅子打掉！」接著又指責：「你怎麼還這麼享受？吃著白米飯、睡著沙發軟床，都撤走！以後不許再用資產階級家具了！」好在附近派出所的警察趕到，才讓紅衛兵忿忿不平地撤離。

人身危機雖然解除，但接下來卻出現更大的精神壓力。

一九六六年九月十五日，溥儀收到一封信，寄件人名叫孫博盛，聲稱自己是溥儀在滿洲國時期的宮廷童僕。他抨擊溥儀所寫的自傳：「你是真的接受改造了嗎？釋放以後你給黨和人民做了些什麼？你拿人民的錢，吃共產黨的飯，在寫些什麼？告訴你！我先打開《我的前半生》幾十頁讓你回答。如不然，我就呼籲全國工農批判你，一直批判到最後一頁，批判到你認錯為止。你要聲明你這本書有毒，稿費五千元要退還給國家。我是不做暗事的，叫你在思想上有所準備！」

據李淑賢回憶，溥儀看到這封信後，害怕到失魂落魄，兩隻拿信的手不停哆嗦。當天晚上，粒米未進、滴水未喝，睡覺也不安穩，常哭醒過來，怎麼勸也勸不住。

隔天，溥儀將剩下的四千元稿費上繳給政府機關，並回信給孫博盛，先感謝孫博盛，後承認書中有「毒」。而孫博盛則是不依不撓，繼續寫信給溥儀，要求他持續批判自己的自傳。

溥儀在一九六四年被檢驗罹患腎癌，身體本就不算健康的他，在長時間的壓力下迅速衰弱。

一九六七年四月到九月，是溥儀在家生活的最後時光。此時他已無法自理生活，洗澡、排泄都需要由李淑賢幫忙。時間來到九月三十日，這天晚上，溥儀對李淑賢說出讓她終身難忘的告白：「咱倆今天好好地說一說吧！我快要離開人世了，這麼長時間不願意和妳講這件事，是因為不願意傷妳的心。我的病是不能治癒的絕症啊！我曾對妳講，現在科學發展了，能治好我的病，以前這樣說不過是為了安慰妳。我早已明白，這身上的病是根本不會好了。我對不起妳。我們結婚五年多，又把妳一個人扔下了，我年歲大，又沒有錢，從各方面來說都很對不起妳。妳的身體很不好，我也沒給妳留下什麼東西，現在又是文化革命，沒有我了，妳怎麼辦？誰能管妳？我最不放心的就是妳呀！」

十月四日，溥儀病情轉重而送入醫院，經過多天治療仍無力回天，十月十七日凌晨兩點半，末代皇帝溥儀嚥下最後一口氣。

李淑賢看著溥儀的遺容，一隻眼仍睜開，似乎對親人放心不下，她撫上溥儀的眼皮，並說：「溥儀呀！你放心吧！別惦記我……」然後為溥儀梳上頭髮，只因她知道溥儀平時維護形象，所以最愛梳頭，正如兩人第一次見面那樣，髮型是那麼優美且潔亮。

雖然與溥儀只結婚短短五年，但身為最後一任妻子，李淑賢不僅陪伴溥儀的晚年，甚至在他過世後，依舊為他的身後事操勞。

例如溥儀的自傳《我的前半生》曾爆出版權糾紛，李淑賢因此對簿公堂十多年才確定溥儀實是自傳的唯一作者。

另外當香港名導李翰祥拍攝以溥儀後半生為主題的電影《火龍》時，她也特別提供相關資料，讓電影增加許多生動的情節。

一九九七年六月九日，李淑賢因肺癌而過世。曾有記者用「末代皇后」形容李淑賢，其實無論是在事實或感情上都是謬誤，因為她與溥儀相識時，對方早已是一介平民，而她也從未將他視做皇帝。

相比溥儀前四位雖享受過富貴及名譽，但卻被當作工具對待的妻妾，能享受到夫妻平等相待的李淑賢無疑是幸運的。

而我想，溥儀最愛的女人是誰？此問題恐怕難有定論。但與李淑賢相處的日子，應該是他最開心的一段婚姻。只因他終於卸下「皇帝」這個讓他異於常人，以至於喪失諸多人性的重擔，回歸成喜樂有時、哀哭有時、失落有時、盼望有時，而時時能忠於自己且被他人平等對待的「人」了。

芸芸眾生中的平凡人

金廣祺與安豐馨

本書最後登場的人物——金廣祺、安豐馨。他們是何許人也？答案是——他們是我的爺爺、奶奶。

雖然歷史名人的故事往往高潮迭起，因此更加吸引人，不過本書的目的之一是希望透過形形色色的人物，讓讀者們有機會了解百年前的社會和活在其中的人群。名人們的經歷固然精彩，但往往過於特殊，所以我想用兩位平民老百姓的故事，讓人能從更多不同角度認識過往。

不同凡響的身家背景

金廣祺（接下來以廣祺稱呼他），民國十三年出生，山東省日照縣人。據長輩所言，廣祺可謂出身富貴。家庭以經商為業，陸上的生意有布莊，海上的生意則從事漁商，麾下有好幾艘漁船，每天接收為數眾多的漁獲量，在當地魚市是「喊水會結凍」的大盤商。另外，金家還有幾艘商船，雖然並非家中收入的主力，但放在一般人眼中，光這一項收穫就能成為小康之家。但與未來老婆的家世相比，廣祺大概會說：「我家只算還好而已。」

安豐馨（接下來稱呼她為小安），民國十一年出生，同樣是山東省日照縣人。日照當地有所謂「五大家族」的說法，分別是：丁、牟、秦、安、李，小安的家族能名列其中，可見在當地的威名（多提一句，日後獲得諾貝爾物理獎的丁肇中，正是出自五大家族的丁家）。

根據小安生前的說法，安家有很多農田。那是多少呢？答案是：要巡視農田時必須騎馬，巡視三天三夜才能完工。

富貴人家的小孩自然與眾不同，據長輩回憶，小安還是少女時，曾幫忙養蠶，僅用養蠶賺到的錢就買下一小塊土地。（雖然不知道具體面積和地價多少，但用閒暇娛樂就能買到一般農民求之不得的土地，有錢人的生活就是這麼容易搞出凡爾賽文學。）

百年前的社會，對傳統女性的要求是「大門不出、二門不邁」，這個習俗的考量，一方面是對於男女互動的保守，認為女孩子不該隨便出門拋頭露面，但對安家的另一個考量則是家中太有錢，怕婦女、小孩隨便出門可能被綁架。因此小安年輕時很少出門，使她無法接觸到被人認為是現代開明的西式教育，不過有錢人的好處是：不能出門找人，但能花錢把人請上門。所以安家會請私塾先生到府授課，小安因而接受過極為淺薄的教育，不過據說因為私塾先生很凶，表現不好就會遭到戒尺伺候，所以小安對於學習是能躲則躲。

相比懼學宅女的小安，廣祺的遊歷可就開闊許多，當然，這不一定是好事。

廣祺與同時代的有錢人家相同，年紀稍長，就會去到外地求學，所以後來他前往河北省立通縣師範學校就讀。按照一般狀況發展，畢業後不是直接當老師，就是繼續讀大學深造，但他身處的時代背景，讓他注定無法與一般狀況相同。

民國二十六年七月七日，中、日雙方在河北省宛平縣的盧溝橋爆發軍事衝突，歷史上稱為「七七事變」或「盧溝橋事變」。對當時的人來說，軍事衝突代表有戰爭爆發，對平民百姓來說，隨時可能命在旦夕或顛沛流離。但自民國十七年，國民革命軍北伐途中，曾與日軍在山東濟南發生軍事衝突以來，中、日間的軍事對抗時有所聞，所以很可能當時絕大部分的人萬萬沒想到，這一次衝突居然成為「地無分南北、人無分老幼」的全面抗戰。

此時廣祺不過十三歲，換言之，才接受學業沒多久，戰火就蔓延全國，他只能跟著老師、同學一起逃往更安全的地方。不過學校或許沒了，教育卻不能停止。逃難期間，老師邊逃邊上課，那時物資困難，狀況稍好時，還能搞到營造業用來畫線的「石筆」充當粉筆寫字；狀況差時，甚至直接拿樹枝寫在地上給學生看。上課途中，全部人時不時一轟而散……對，我沒寫錯字，真的是日軍突然發動空襲，逃難群眾趕緊就地掩蔽並自求多福，堪稱最硬核學習環境。

我曾問過長輩，廣祺在抗戰期間從事什麼工作？後來得知他輾轉來到西南省分，並成為小學老師，除此之外，他很少提到戰亂時代的過往，或許那些生死關頭的驚心動魄，在時隔多年後，仍舊是當事人揮之不去的陰影吧？

亂世中的生離死別

民國三十四年，中、日八年抗戰宣告落幕，因戰火遠走他方的民眾都期盼著「青春作伴好還鄉」，廣祺也不例外，他回到山東老家，並完成終身大事。

據長輩所言，小安還有個妹妹，而廣祺當年在父母安排下本來要和小安妹結婚，但不知出於何種考量，最終雙方家庭決定讓小安嫁入金家。

其實從雙方在婚前都未見過幾次的情況來看，娶誰？嫁誰？對當事人來說，真的沒有多大差別。至於對象是才子佳人？還是負心渣男或庸脂俗粉？其中的發展套一句現代用語：「就很玄。」

不過比起婚姻生活，更讓廣祺及小安感受到衝擊的是——戰爭又爆發了！

民國三十五年，國民黨、共產黨與各黨派協商，一致同意在和平建國綱領下，共同實現民主憲政。民國三十六年，國、共兩黨徹底撕破臉，國民黨宣布「動員戡亂」，代表內戰全面爆發。

廣祺與小安所在的山東省，往南可威逼國民黨的政治核心南京，向北則是前往華北並通向中共核心東北，因此成為國、共兩黨激烈交戰的必爭之地。早在國、共內戰初期，金家及安家的成員就被戰火打散，隨著國民黨逐漸趨於劣勢，如此發展對兩家愈加不利，只因在中共的政治分類裡，富貴的金家及安家都是要優先被批鬥的萬惡地主階級。

當時間來到民國三十八年初，國民黨在徐蚌會戰慘敗，除了代表政權已精銳盡失且處於崩潰邊緣，更立即性的影響是：再也無法阻止中共控制山東省。廣祺便趕緊打點逃難事宜，並讓小安帶著年僅兩歲的女兒，先趕到唯一的活路所在——山東省的青島。

青島位於膠東半島，東西南三面環海，水陸交通便利，戰略輻射範圍可及蘇聯、朝鮮、日本及菲律賓等地，戰略地位極為重要。早在一九四五年九月十六日，美國艦隊就開進青島，之後逐漸增加駐軍人數，其目的在於提供中華民國軍事上的合作。

隨著國、共內戰爆發，國軍節節敗退，以至於解放軍於一九四九年五月三日，開始對山東省的青島、即墨發動攻勢（後世稱為青即戰役），駐紮在青島的美軍決定於一九四九年九月二十五日展開撤離行動。

當時鎮守青島的國軍第十一綏靖區司令劉安祺將軍，向美國提出掩護撤退的請求，於是美軍艦隊又停留數日，而劉安祺則趁機將有意逃離中國大陸的民眾一併撤往海外，此一行動後來被中華民國稱為「青島大撤退」。

廣祺本來已經安排好，將家當安置在開往香港的船上，但為了探聽妻子家族的下落，他選擇先返回故鄉打探消息，並在當地得知噩耗後，才帶著侄子趕往青島（廣祺的大哥當年在空軍服役，無法協助逃難事宜，就由廣祺負責兄長家人的安全），準備與早已在當地等待的小安一起撤往海外。

但這一來一往，加上帶著小孩行動不便，導致速度大大耽擱，好不容易趕到青島時，當初想要搭乘前往香港的船早已駛離，船上的家當也自此下落不明。好在家人順利團聚，這在亂世中，已是來之不易的運氣。

這段前往青島的路上，廣祺則展現機警的一面。例如有一次在逃難隊伍裡，廣祺聽到有人高喊他的小名「永吉」，但他卻置之不理；「外甥」曾好奇詢問為何這樣做？廣祺則回答：「現在兵荒馬亂，誰知道對方安什麼心眼？不如保持低調，足以自保。」

又例如，當廣祺趕到港口，想要與家人團聚並搭上撤退的船隻，卻被維持警戒線的國軍阻擋在外，當時衛兵說：「你的船票沒有蓋章，不能進去！」廣祺就先走遠，隨後拿起帶在身上的紅薯刻了一個簡陋的印章蓋上去，接著再返回展示給衛兵看，而衛兵居然順利放行，這才讓廣祺一家團聚。

說句題外話，我向長輩探聽爺爺、奶奶的過往時，聽到這則往事，忍不住問：「衛兵也太隨便，這樣也過？」長輩則說：「你爺爺有仔細觀察，那個衛兵其實是個少年兵，人都不一定有槍高，然後爺爺的船票早就過期，但衛兵不指出船票的問題，只講有沒有蓋章，爺爺就判斷對方根本不認識字，於是才賭賭看自己刻印章是否能過關，結果還真給他賭對了。」

話說，著名科幻小說家倪匡曾說自己逃難到香港途中，靠著刻印章的能力，順利通過關卡，本來我覺得倪匡先生真是厲害，聽到爺爺的故事後，不禁懷疑倪匡先生遇到的檢查人員是否水準和爺爺遇到的少年兵差不多？但能夠在兵荒馬亂之際，仍維持著敏銳的觀察力及隨機應變的機靈，倪匡先生和爺爺都展現了生存上的不凡智慧。

回到正題，一家團聚後，爺爺終究要對奶奶說出她家人的消息：「岳父一家人，包含岳母和小姨，皆因地主富農身分而慘遭槍斃。」這則噩耗成為小安心中最大的痛苦和傷痕。

很多年後，爺爺過世時，奶奶哭得很傷心，她對我說：「自我家人死後，我從來沒有這麼傷心呀……」那是我第一次聽到她提及家族的過往。

但其實廣祺在這件事上撒謊，並騙了小安一輩子。只因小安一家人並非被槍斃，而是被活埋。廣祺怕妻子刺激太大，因此略微改變事實，這可能就是在巨大的噩耗下，他所能表達的溫柔吧？

患難見真情的平淡生活

撤退來臺後，廣祺與小安最終在高雄定居（多提一句，他們在隔年生下長子，就是我爸）。

若問起廣祺與小安的相處，兒女的回答相當一致：「沒什麼相處。」這是因為廣祺後來成為中華工程的員工，常到外地出差，有時甚至會前往泰國、菲律賓等地，所以在兒女的印象中，父親常不在家。

就算在家，廣祺與小安也很少互動，畢竟兩人行事作風相當傳統，感情不是用來說的，也沒必要浪漫，男的在外養家糊口，女的在內相夫教子，生活不過是「柴米油鹽醬醋茶」的日常，如此而已。

但真要說兩人毫無感情嗎？絕對並非如此。

民國五十九年，一則噩耗臨到小安身上，她罹患子宮頸癌，並已到末期。聽聞妻子罹患絕症，廣祺拚盡所有努力，只求妻子能有一線生機。在那個沒有健保的年代，小安看一次病，掛號費就要一百元！如果有打點滴，一次是五百元！

這是什麼概念呢？民國五十九年的基層公務員月薪是九百八十五元，而現今則是三萬三千八百五十元，換言之，當年的一元約等於今日的三十四元，也就是說，小安的掛號費在今日是三千四百元，點滴費用是一萬七千元！

如此沉重的醫藥費，讓廣祺好不容易積攢下來的存款迅速流失，以至於長子只能選擇去不用學費還能發與微薄補貼的軍校就讀，但為了挽救妻子，廣祺依然義無反顧。

後來有位醫生建議（注意！個人體質有所不同，各派學說亦有分歧，當年的學問放在今日未必合用，以下只是當事人的經歷分享，至於醫療手法及療效則不做任何保證），小安唯有忌口，或許能有機會痊癒。

要多忌口呢？答案是：辛辣不吃、豬頭肉與豬內臟不吃、無鱗魚不吃、酒不喝、五辛香料不吃……所有「發物」都不能吃！至於什麼是發物？據那位醫生的說法，就連芋頭、南瓜也在其中。

小安還能吃什麼？答案是：母雞、土雞、牛肉。而冬瓜、西瓜則對病情有特別的療效……但必須生吃！當時小安住在醫院，而醫院不提供伙食，廣祺每天下班後會去醫院為妻子煮飯，據說路過的醫生看到廣祺帶的食材，忍不住說：「這牛肉品質真好呀！」

以今日的眼光來看兩人的互動，或許相當沒有情調，但在患難時，卻看見兩人的情之所至，一往而深。

小安最後神奇地康復，兩人撐過諸多危機，最終育有五名子女，並隨著年歲增長，子女各自離開高雄老家展開人生新的階段。而廣祺與小安則守在老家，每年假期來臨之際，期待子孫們的團聚之時。

晚年的廣祺罹患阿茲海默症，很長一段時間臥病在床，後於民國九十六年過世，享年八十四歲。小安則在民國一〇三年過世，享年九十三歲。

出生於富貴、成長於戰火、歷經過逃難、遭遇過絕症，兩人最終同歸一處，這就是金廣祺與安豐馨，一對平凡夫妻的感情人生。

後記

關於爺爺、奶奶的故事，受陳力航先生著作《零下六十八度：二戰後臺灣人的西伯利亞戰俘經驗》啟發，他記錄爺爺的經歷，除了呈現臺灣人在日治時期受時代環境影響會有何人生際遇，同時也是記念自己的爺爺。

我與爺爺不算親，小的時候，他住高雄，身為臺北人的我，只有逢年過節才會見到他。小時候愛玩，再加上爺爺講話有較為濃厚的腔調，所以即便見面，我也沒有主動與他親近、聊天。

長大後，爺爺為了治療阿茲海默症搬來臺北，雖然距離變近，但隨著病情加重，他通常在床上昏睡，我去探望時，大多只有坐在旁邊發呆，或是和其他親戚聊天。就算遇上爺爺清醒的時刻，也因他講話更加含糊，只能有聽沒有懂地帶過。

該來的時刻總會來，爺爺過世了。喪禮當天，我看見爺爺的遺體，卻沒有哭的衝動，不是因為我很會控制情緒，而是我發現自己沒有太多與爺爺的共同記憶。當我想緬懷他時，才意識到對他的了解極為淡薄，以至於想不到可記念的回憶，那時我才真正感到難過——我竟錯過這麼多與親人相互了解的時刻。

當我看見陳力航的著作，從字裡行間感受到他對爺爺的情誼，這是令我相當羨慕的事。我特別將本書的一部分留給爺爺登場，僅以此記念這位在我不理解時依舊疼愛我的親人。並向各位分享我發自內心的感慨：「把握時間與你愛的，還有愛你的人相處。貼近彼此，感受生活，無論最後的結局是喜或悲，讓重視的人能夠有鮮活的印象留在心中。」

而閱讀了眾多人物的愛情經歷，不知各位有何感想？

二十世紀的法國文學家羅蘭·巴特（Roland Barthes），曾說過一句響亮的口號：「作者已死。」這話的含義是，當作者完成文稿的那一瞬間，這份文稿就已經不屬於作者了，只因千百種讀者可以對同一份文稿衍生出千百種感想及觀感。

歷史也是如此，同樣的人事物，不同人讀來，卻有不同的評論及觀點。這既是歷史帶來的混亂（各位可以看到每次要改課綱或教科書時，「歷史科」往往是爭論的焦點所在，只因不同人會有不同史觀，眾人注定無法一致，爭吵在所難免），但也是歷史所帶來的寶貴價值。

我為何會有此觀點？是什麼形塑了我的觀點？讀歷史，往往是認識自己的契機。

他人為何會有此觀點？是什麼形塑了他人的觀點？我與他人為何如此不同？讀歷史，也是認識他者的良機。

而我期待的是當不同人發現各自的不同時，能有機會進行「對話」，在對話的交流中，有機會澄清自己、拓展眼界、建構知識、理解他人。就算在對話後，觀點可能不變，也可能毫無交集，但個人卻有機會得到更多、更深的價值。

各位究竟在閱讀完本書後有何感想呢？就是專屬於個人的價值所在了。

最後，如果你覺得本書讓你頗有收穫，歡迎多多推薦給其他人。

我不諱言，大家買得愈多，我就能賺愈多版稅，不過這其實也是我向大家做的投資邀請，只因我還有很多故事沒有講完呀！

例如：末代皇帝的弟弟居然取了一位日本貴族為妻?!蔣經國又是如何在冰天雪地的俄羅斯，邂逅願意陪他遠離故鄉的伴侶？以及在本書不時以客串身分登場的才子渣男徐志摩，他究竟有何愛情故事？

更多的愛情故事有可能在第二集登場！而各位的購買就是對自己的投資，因為我們將在新的歷史往事中，繼續從過去挖掘價值。

參考資料

權之章——

《宮崎寅藏論孫中山與黃興》，宮崎滔天著，陳鵬仁譯，正中書局。
《我所認識的陳競存先生》，莫紀彭口述。
《宋慶齡傳：從孫中山到毛澤東的革命之路》，伊斯雷爾・愛潑斯坦著，沈蘇儒譯，日臻出版。
《宋慶齡與孫中山》，楊旭聲著，群倫出版社。
《一個真實的宋美齡》，王豐著，團結出版社。
《*The Last Empress: Madame Chiang Kai-shek and the Birth of Modern China*》，Hannah Pakula著，Simon & Schuster (US) 出版。

【臺灣演義】孫文的日本妻與妾 https://www.youtube.com/watch?v=2TsO0vTi9Ug
《蔣介石的親情、愛情與友情》，呂芳上等著，時報出版。
《陳潔如回憶錄》，陳潔如著，傳記文學。
《蔣介石：失敗的勝利者》，亞歷山大·潘佐夫著，梁思文、楊淑娟譯，聯經出版公司。
《找尋真實的蔣介石：蔣介石日記解讀》，楊天石著，三聯書店。
《大人們的餐桌·中華篇：從民初到二十一世紀，22位牽動華人政局的政治人物飲食軼事》，蔡子強著，時報出版。
《蔣介石筆下的風花雪月》，竇應泰著，香港中和出版。

文之章——

《星星、月亮、太陽胡適的情感世界》，江勇振著，聯經出版公司。
《何處尋你——胡適的戀人及友人》，蔡登山著，印刻出版社。
《胡適與韋蓮司：深情五十年》，周質平，聯經出版公司。
《胡適雜憶》，唐德剛著，遠流出版社。

《浮生漫談：張競生隨筆選》，張競生著，三聯書店。
《花落春猶在》，褚問鵑著，中外圖書。
《文妖與先知：張競生傳》，張培忠著，人民文學出版社。
《民國的身影：重尋遺落的文人往事》，蔡登山著，廣西師範大學出版社。
《民國三大文妖紀傳：傷心的祭壇》，張永久著，秀威資訊。

武之章——

《江河行地，海浪無聲：我的祖父王賡》，王冬妮著，廣西師範大學出版社。
《新編第一軍：國軍王牌部隊》，周明、李巍著，蒼璧出版有限公司。
《百年家族：張學良》，李翠蓮著，立緒。
《我與漢卿的一生：張學良結髮夫人張于鳳至回憶錄》，張于鳳至著，團結出版社。
《張學良、宋子文檔案大揭祕》，林博文著，時報出版。
《張學良口述歷史》，張學良口述／唐德剛著，遠流。
《民國軍閥檔案，重建中》，江仲淵著，時報出版。

《世紀行過張學良》紀錄片

藝之章——

《胡蝶回憶錄》，胡蝶著，聯經出版公司。
《沈醉回憶錄：一個軍統特務的懺悔錄——軍統內幕》，沈醉著，中國文史出版社。
《「電影皇后」胡蝶》影音參考資料 https://www.youtube.com/watch?v=RsRY1YhFwNQ
《孟小冬與言高譚馬》，丁秉鐩著，大地出版社。
《我親見的梅蘭芳》，薛觀瀾著，秀威資訊。
《孟小冬：氍毹上的塵夢》，萬伯翺、馬思猛著，秀威資訊。
《我的父親杜月笙暨杜府舊事：杜維善口述歷史》，杜維善、董存發著，中華書局。

民之章——

《我的前半生》，愛新覺羅．溥儀著，商務印書館。
《末代皇帝溥儀與我》，李淑賢、王慶祥著，文經閣出版社。

《最後的皇妃》，李玉琴、王慶祥著，思行文化傳播。
《溥儀新傳》，范鵬飛著，文史哲出版社。
《溥儀日記》，溥儀、李淑賢、王慶祥著，思行文化。

HISTORY 系列 138

老派愛情物語：胡適、溥儀、孟小冬……流傳在民初的風流韻事

作者—金哲毅（金老ㄕ）

由於正在摸索老師的價值及意義，所以自號「老ㄕ」，目前正在學校擔任一介平凡教師。

東吳大學歷史系畢業，說好聽點，是個對歷史研究有興趣的科班生；說坦白點，是一個平常喜歡聽故事、說故事，現在能有機會寫故事的幸運兒。

著有《哥，就是個狠角色：不讀戰國，不知權力這樣玩！細數戰國風雲人物，誰能縱橫天下？》、《國父「們」：被遺忘的中國近代史》、《野心家們：被遺忘的中國近代史2》、《繼承者們：被遺忘的中國近代史3》。

副總編輯—邱憶伶
副主編—陳映儒
封面設計—兒日
內頁設計—張靜怡

董事長—趙政岷
出版者—時報文化出版企業股份有限公司
一〇八〇一九臺北市和平西路三段二四〇號三樓
發行專線—（〇二）二三〇六—六八四二
讀者服務專線—〇八〇〇—二三一—七〇五
（〇二）二三〇四—七一〇三
讀者服務傳真—（〇二）二三〇四—六八五八
郵撥—一九三四四七二四 時報文化出版公司
信箱—一〇八九九臺北華江橋郵局第九九信箱

時報悅讀網—http://www.readingtimes.com.tw
電子郵件信箱—newstudy@readingtimes.com.tw
時報悅讀俱樂部—https://www.facebook.com/readingtimes.2
法律顧問—理律法律事務所 陳長文律師、李念祖律師
印刷—勁達印刷有限公司
初版一刷—二〇二五年三月十四日
定價—新臺幣四二〇元
（若有缺頁或破損，請寄回更換）

老派愛情物語：胡適、溥儀、孟小冬……流傳在民初的
風流韻事／金哲毅（金老ㄕ）著 .-- 初版 . --
臺北市：時報文化出版企業股份有限公司，2025.03
272 面；14.8×21 公分 . --（History 系列；138）
ISBN 978-626-419-297-2（平裝）

1. CST：傳記　2. CST：通俗史話　3. CST：中國

782.1　　114002301

ISBN 978-626-419-297-2
Printed in Taiwan